AF451030

Todo lo que necesitas está en ti

Todo lo que necesitas está en ti

Nota a los lectores: Esta publicación contiene las opiniones e ideas de su autor. Su intención es ofrecer material útil e informativo sobre el tema tratado. Las estrategias señaladas en este libro pueden no ser apropiadas para todos los individuos y no se garantiza que produzca ningún resultado en particular. Este libro se vende bajo el supuesto de que ni el autor, ni el editor, ni la imprenta se dedican a prestar asesoría o servicios profesionales legales, financieros, de contaduría, psicología u otros. El lector deberá consultar a un profesional capacitado antes de adoptar las sugerencias de este, la integridad de la información o referencias incluidas aquí. Tanto el autor, como el editor, la imprenta y todas las partes implicadas en el diseño de portada y distribución, niegan específicamente cualquier responsabilidad por obligaciones, pérdidas o riesgos, personales o de otro tipo, en que se incurra como consecuencia, directa o indirecta, del uso y aplicación de cualquier contenido del libro.

Este libro no podrá ser reproducido, ni total ni parcialmente, sin previo permiso escrito del autor. Todos los derechos reservados.

Título: *Todo lo que necesitas está en ti*

© 2020, Lorena Farré

Autoedición y Diseño: 2020, Lorena Farré

Diseño de cubierta: 2020, DLAB BARCELONA

Primera edición: junio 2020

Depósito legal: TF 294-2020

La publicación de esta obra puede estar sujeta a futuras correcciones y ampliaciones por parte del autor, así como son de su responsabilidad las opiniones que en ella se exponen.

Quedan prohibidas, dentro de los límites establecidos por la ley y bajo las prevenciones legalmente previstas, la reproducción total o parcial de esta obra por cualquier medio o procedimiento, ya sea electrónico o mecánico, el tratamiento informático, el alquiler o cualquier forma de cesión de la obra sin autorización escrita de los titulares de copyright.

Para la elaboración de este libro, se ha utilizado papel de bosques sostenibles.

AGRADECIMIENTOS

Quiero dar las gracias, en primer lugar, a mi madre, por ser un ejemplo de lucha y superación, por siempre estar ahí y desde pequeña ayudarme a sacar lo mejor de mí. Te quiero, mami.

A mi padre, que, aunque ya no esté con nosotros, sigue estando dentro de mi corazón y es una de mis fuentes de inspiración. Te quiero, papi.

A mi marido, por apoyarme incondicionalmente, por ayudarme a alcanzar mis sueños y formar parte de mi vida. Sin él no habríamos creado lo que será sin duda la mejor obra de nuestras vidas, nuestro hijo. Te amo, mi amor.

A mi hijo, por ser otra gran fuente de inspiración. Su ser brilla con una energía indescriptible. Es, sin duda, un alma invencible. Te quiero, mi campeón.

A toda mi familia, en especial a mi suegra, por estar siempre ahí para mí.

A mis amigos, en especial a Cris, por todas esas charlas, momentos y conexiones donde he podido compartir mis logros y enseñanzas porque cada día veo cómo su vida se transforma.

Quiero hacer una especial mención a Laura Gómez, no hay palabras para agradecer la creación de estas magníficas portadas. Sin duda espero que

Dlab BARCELONA reciba millones de bendiciones por su trabajo.

A todos mis mentores, sin duda sin ellos no estaría donde estoy ahora, pero en especial a Lain García Calvo y a Miquel Gironés. Gracias de corazón por existir.

A ti, amado lector, por decidir comprar este libro y querer un mundo mejor. Déjame decirte que al comprar este libro has donado un 5% de los beneficios que se van a generar por la venta a un fin benéfico. Sin saberlo ya has comenzado a ayudar a que este mundo sea mejor.

Gracias, gracias, gracias desde lo más profundo de mi corazón.

ÍNDICE

PRÓLOGO

Ninguna circunstancia define tu destino, sino como reaccionas ante ellas.

Las dificultades marcan los destinos de las personas más que todas las bendiciones del mundo juntas, porque es en esos momentos difíciles cuando las personas toman malas decisiones.

Hay, sin embargo, un pequeño grupo que en los momentos de dificultad son capaces de tomar una decisión distinta. Ellos eligen aprovechar la circunstancia para impulsarse, en lugar de para detenerse, y salen de ella renovados, reforzados y más imparables que nunca.

A ellas las ven los demás como "personas con suerte", pero no existe tal cosa. La vida son DECISIONES y en esos momentos es cuando tu DESTINO se crea.

Nada llega a nuestras vidas por casualidad, sino por CAUSAlidad, por sincronicidad, por principio de causa y efecto. Las cosas llegan a nuestras vidas por un propósito.

Por eso, si tienes este libro en tus manos significa algo. Significa que contiene las claves para ayudarte en tu evolución. ¡Aprovéchalo!

Gracias Lorena por escribirlo y a ti, amado lector, por leerlo.

Lain, autor de la Saga LA VOZ DE TU ALMA.

www.lavozdetualma.com

TESTIMONIOS

José Julio Fernández Lozano.
Terapeuta transpersonal.

Me ha tocado profundamente la calidez humana que trasmiten las palabras y misión de vida contenidas en este libro.

Desde el comienzo de la lectura, me ha llevado a mi historia personal y al cambio que quiero conseguir en mi vida.

¡¡¡Estoy seguro de que este libro que ha llegado a tus manos te ayudará a brillar!!!

¡Si quieres un libro de verdad y de corazón..., este es tu libro!

Todo lo que necesitas está en ti. De Lorena Farré Gutiérrez.

Puri Duque,
autora de la trilogía *Mientras tú existas*.
Terapeuta masaje tailandés.

Un libro escrito desde el corazón, donde la autora describe y desgrana su historia personal, una historia de superación muy necesaria para el crecimiento.

Esa magnífica transformación la transmite al lector y le enseñará que todo que necesitas está en ti.

Su lectura es envolvente y adictiva.

¡Un gran libro para recordar!

Alejandro Escalzo.
Emprendedor.

Conocí a Lorena en un evento en vivo de Lain García Calvo en Barcelona. Enseguida supe que tenía una persona especial al lado y conecté muy rápido con ella.

Conocer su historia me impactó.

Ahora que la tienes entre las manos, espero que puedas aplacarte en ella y en todo su aprendizaje para sacarle partido.

INTRODUCCIÓN

"¿Amas la vida? No desperdicies el tiempo porque es la sustancia de que está hecha"

Benjamin Franklin.

Todos nacemos con la mente totalmente abierta, ojos brillantes, receptivos y sin condiciones.

Nos vamos haciendo mayores y el impacto de las palabras de nuestros padres, maestros y experiencias nos van limitando a través de sus propias limitaciones o miedos.

Perdemos la conexión con el universo y la energía creadora.

A través de este libro voy a guiarte a que puedas **conectar con tu voz interior.**

Mi deseo para ti es que **aprendas a ser libre, que rompas con las cadenas de la limitación, que consigas transformar tu realidad,** sea cual sea.

Vas a aprender a aprovechar la energía infinita del universo para que tu tiempo sea para ti, para tu familia, para tus amigos...; para lo que tú quieras.

¿Me dejas ayudarte?

Aquí encontrarás una recopilación de todas las técnicas que he utilizado durante más de 20 años y que me han llevado a lograr transformar mi vida.

Empecé trabajando como cajera del Día y actualmente ocupo un cargo como ejecutiva en la industria farmacéutica.

He invertido miles de euros en formación, he leído cientos de libros y he asistido a eventos de crecimiento personal. He tenido y tengo mentores, porque si quieres aprender algo en la vida tienes que hacerlo de aquellos que hayan conseguido lo que tú quieres conseguir.

He caminado por encima de las brasas y me he vuelto imparable.

La mayoría de personas pasan sus vidas dejando que las cosas les sucedan. Están a merced de lo que les ocurra.

Si estás aquí significa que tú no quieres ser igual que ellos, que no quieres ser como las masas.

Quieres hacer algo para que tú controles lo que te sucede en tu vida.

Quizás, incluso ya has sentido en alguna ocasión que cuando realmente quieres algo de corazón acaba llegando a tu vida. Quiero que sepas que eso es debido a que tú puedes crear tu realidad.

Este libro te va a ayudar a ir más allá. Vas a descubrir nuevas habilidades en ti. Vas a aprender a conectar con el universo para que esté de tu lado.

Sentirás como impulsos, chispazos del alma, que te mostrarán el camino a seguir.

Vas a aprender que las personas exitosas tienen dos grandes cualidades: **compromiso e integridad**.

Mientras te escribo estas líneas estoy en un autocar camino a Roma. Es Navidad y estoy con mi familia de vacaciones, y aun así me he comprometido conmigo misma a escribir cada día y lo hago.

Al lado tengo a mi hijo Hugo, de 6 años, y está en su sitio mirando por la ventana o escuchando a la guía. Sabe que mami está escribiendo el libro, lo entiende y lo respeta. Cuando lleguemos a nuestro destino, mi tiempo será solamente para él y mi familia para que sea un día excelente.

Tengo el compromiso de escribir para ti, lector, para que este libro que tienes hoy en tus manos sea una guía para conectar con tu "yo" interior.

Esa es mi misión: poder ayudar a miles de personas con mi experiencia. Quiero impactar al mundo con mi mensaje.

Se puede conseguir lo que quieras porque **todo lo que necesitas está en ti.**

Quiero compartir contigo las herramientas y técnicas que me han ayudado tanto en mi vida.

Quiero enseñarte a que identifiques lo que realmente has venido a hacer en esta vida; a transformar tu realidad.

Con este libro lo harás. Te prometo que te harás responsable y conseguirás alcanzar tus metas si sigues cada uno de los pasos indicados.

Desgraciadamente, la mayoría de veces la gente abandona sus sueños. Se pasan la vida esperando o conformándose.

Rompe con ello, sé una oveja diferente, sé una oveja **que brille e ilumine a los demás.**

Las personas exitosas son 100 % responsables de sus decisiones.

Cuantas más personas tengamos una mentalidad exitosa, mejor mundo tendremos.

Cuando conectas con tu pasión, automáticamente vas a ver que tienes más energía y vitalidad.

Vas a descubrir por qué estás aquí en este mundo y cómo puedes utilizarlo.

Mientras caminas por este nuevo sendero, verás cómo todas tus áreas maestras (amor, dinero y salud) mejoran.

Tu manera de ver la vida cambiará porque te harás responsable de ello.

Aprenderás a **tomar acción inmediata**, a no demorar las cosas.

TOMA ACCIÓN YA

Te sentirás libre y perdonarás.

Y, sobre todo, soñarás.

Enamórate de tus sueños, vibra con ese sentimiento, y los atraerás a la realidad.

Deseo para ti que vivas con más calma, felicidad y éxito.

¡Todo cuanto necesitas está en ti!

Querido lector, quiero darte las gracias por querer seguir leyendo y aprendiendo.

Eres una persona especial por decidir comprometerte contigo mismo y querer transformar tu vida.

Quiero ayudarte a liberar todo el potencial que está en ti, por eso quiero agradecerte que estés aquí, que hayas invertido tu dinero en comprar este libro, tu tiempo en leerlo y poner lo que aprenderás en práctica. Demuestra que eres una persona que quiere una vida mejor, que eres excepcional.

No importa de dónde vengas, de qué país seas; todos tenemos en común que somos personas que podemos desarrollar nuestro potencial. Todos lo tenemos en nuestro interior, tan solo hay que aprender a cómo reprogramarnos.

Te admiro y te respeto por querer ser una mejor versión de ti mismo. Por no conformarte y querer crecer. Gracias por dejarme ayudarte.

¿Estás listo para cambiar?

Déjame que en el siguiente capítulo te explique mi historia personal. Espero que te ayude.

Gracias, gracias, gracias por estar aquí.

QUIÉN SOY YO

Hola, querido lector. Mi nombre es Lorena Farré Gutiérrez y es un honor para mí que estés leyendo estas líneas.

Me gustaría empezar explicándote quién soy yo y cómo creo que este libro te puede ayudar.

Las cosas no ocurren por casualidad, sino por causalidad. Si este libro ha caído en tus manos es por una razón, así que estoy segura de que podrás identificarte en algunas de mis vivencias.

No tengo muchos recuerdos de la infancia. Nací en una familia muy humilde con problemas de liquidez hace 43 años.

Mi padre era alcohólico y el dinero que entraba en casa volaba.

Mi madre tuvo que ponerse a fregar escaleras y a limpiar casas para poder sacar adelante a su familia.

Recuerdo que muchos fines de semana me cuidaban mis abuelos. De mi abuelo sí me acuerdo. Me llevaba a los bares donde me daba monedas y jugaba a las tragaperras. Recuerdo que un día me tocó y la emoción que sentí. Supe en aquella temprana edad que yo no quería ser como mis padres, que yo quería tener dinero.

No hay muchas más memorias de ese tiempo. Mi abuelo falleció cuando tenía seis años y mi abuela se vino a casa a vivir con nosotros.

Por aquel entonces, mi madre trabajaba de sol a sombra para poder hacer frente a todos los pagos.

Fueron pasando los años y el alcoholismo de mi padre fue acentuándose. Él inició su relación con la bebida a los 18 años. Era *barman* en el servicio militar.

Ahora he comprendido, con los años, que bebía para sentirse bien, para estar más animado y cariñoso dado que su vida era un desastre. Sin darme cuenta ahí se formó una creencia en mí que hasta hace poco no descubrí, asociaba beber a diversión y más adelante descubrirás cómo esa asociación ha estado en mi vida.

Cambiaba de trabajo constantemente porque los perdía y se gastaba lo poco que tenía en el bar.

A pesar de ello siempre fue un padre muy cariñoso conmigo y ese es el recuerdo que me queda de él.

A pesar de no tener dinero siempre nos vestían con las mejores ropas y zapatillas de marca.

La época del colegio la pasé rozando el larguero de la suspensión. Con 14 años lo único que me preocupaba era salir de fiesta y no estar en casa.

Llegué al instituto por los pelos y conseguí sacarme el COU por la tenacidad de mi madre, pero las salidas y las fiestas cada vez me importaban más.

Con 18 años caí en la Ruta del Bakalao. Me iba a Valencia el viernes y volvía el lunes para trabajar. Me pasaba el fin de semana de discoteca en discoteca. Como te puedes imaginar, no fue nada fácil para mi madre.

Por esa época yo ya había decidido dejar de estudiar y entré a trabajar en el Día. Para los que no sois españoles, os diré que es una cadena de supermercados de muy bajo coste.

Duré un mes. Lloraba cuando llegaba a casa porque no soportaba mi decisión. Mi madre lo hablaba con la señora que iba a limpiar y justo ese día había visto un anuncio en una perfumería.

Fui a la entrevista y empecé a trabajar como dependienta. Estuve tres años. Cuando me tenían que hacer fija me echaron y esa fue una gran bendición porque a partir de ahí quise retomar mis estudios y empecé a estudiar secretariado bilingüe.

Ese fue un gran punto de inflexión. Dejé la fiesta, las adicciones y empecé a crear mi camino a la tierra prometida.

Un día estando en casa me llamó un vecino y me dijo:

—Lorena, baja, que tu padre se ha caído.

Bajé y mi padre se había caído en la portería, rompiéndose las gafas. Subimos a casa y mi madre vio el estado de mi padre. Le dije que cogiera el bolso y que nos íbamos a urgencias. Ya en urgencias le dije al doctor:

—Mire, no sé qué tiene que hacer, pero no. Mi padre no va a volver a casa. No pienso llevármelo. Es un borracho.

El doctor me contestó:

—Hoy es mi cumpleaños, ¿me harías el regalo de ayudar a tu padre si admite que es un alcohólico y que hará lo que sea necesario para dejar de beber?

Le dije:

—Dile lo que te acabo de decir: que, o se compromete, o que no entra en casa.

Esa fue la última vez que mi padre bebió. Nos enseñó que con **mucho esfuerzo y apoyo se puede conseguir**.

Por supuesto, tenía a mi madre que le apoyó y acompañó en todo el proceso.

Se **comprometió y lo logró.**

En el curso conocí a mi ex marido. Era el profesor. Lo "endiosé", era tan diferente a cualquiera que había conocido… Era culto, mayor que yo. Me enamoré de él sin conocerle y en aquel momento supe que era para mí.

Al final del curso empezamos a salir y trabajamos juntos en su empresa. Antes de que quebrara decidimos ir a vivir a Irlanda.

Pero no te pienses que como pareja, no, para nada. Cada uno vivíamos en una habitación de una familia diferente y estuve un tiempo limpiando mesas.

Al poco tiempo él volvió a España, pero yo decidí quedarme. Acabé siendo secretaria en un bufete de abogados.

Cuando llevaba más de un año cogiendo autobuses y trenes para llegar a mi lugar de trabajo, pasando un frío desolador, llegaron las Navidades y vine a ver a mi familia. Él me pidió que regresara.

Decidí volver, vivimos juntos. Al mes tenía un trabajo como secretaria en los Laboratorios Farmacéuticos Uriach y me pidió matrimonio.

Nos casamos, pero yo no era feliz. En realidad, creo que ninguno de los dos. Al año nos divorciamos por mutuo acuerdo. Para aquel entonces yo tenía 26 años.

Con él recuperé las ganas de estudiar, de ser alguien en la vida, así como mi madre me había inculcado toda la infancia y juventud.

Conseguí sacarme la carrera de Empresariales y después la Licenciatura de ADE a distancia. A nivel laboral escalaba posiciones fácilmente.

Después del divorcio fui de relación en relación.

Un día después de que mi padre llevara meses de dolor en un hombro, me llamó mi madre diciéndome que acaban de salir del médico de familia, que mi padre tenía cáncer de pulmón y que se iban de camino a urgencias al hospital.

Mi primera imagen después de esa llamada es estar en urgencias de la Cruz Roja de Barcelona, hablando con una doctora donde me decía que a mi padre solamente le quedaba un día de vida.

Menos mal que cuando la doctora me dijo eso estábamos a solas, fue rotunda "llévate a tu padre porque no podemos hacer nada por él", no sé de donde saqué las fuerzas pero salí de ahí y les dije a mis padres, está bien ya sabes que tienes cáncer pero con la quimioterapia te as a curar, ten fe el en tratamiento.

Durante las sesiones mi padre siempre decía bueno de esto salgo es como una gripe muy fuerte y saldré.

Y así fue, mi padre vivió cinco años más hasta que decidió dejar de luchar. Vivimos momentos increíbles. Fue a Londres a visitar a mi hermana, que para entonces vivía allí. Viajó con mi madre. Hizo de dj cuando cumplí 30 años. En fin, muchísimos grandes momentos que me enseñaron una y otra vez el **poder de crear tu realidad.**

Cuando murió dejó un vacío indescriptible. Mi madre cayó en una depresión profunda.

Como mi madre siempre ha sido una luchadora, con tiempo y muchísimo esfuerzo logró superarlo.

Todo eso no ocurrió de la noche a la mañana, tuvo que trabajar duramente contra la depresión durante años.

Ella para mí siempre ha sido un ejemplo de superación, todo lo que le ha ocurrido, de donde venía, sus raíces… ha roto el molde, se ha reprogramado.

Es uno de los motivos por los cuales he conseguido muchas cosas en la vida, como ella también me ha tocado superar mis batallas y salir más fuerte, porque tengo un gran ejemplo en ella.

Durante su depresión yo intentaba tirar de todo, intenté hacerlo lo mejor que pude sin darme cuenta de que yo también estaba mal.

No fue hasta que conocí a mi marido, el padre de mi hijo, que empecé a ver comportamientos en mí que detestaba.

Conocerle fue una bendición, es la persona más buena que jamás podré conocer y desde el primer momento me enamoré de él. A pesar de todas las diferencias que teníamos nuestras almas se conocían.

Muchas veces no hace falta ni que le diga las cosas, solamente con mirarnos sabe lo que pienso.

Al año nos casamos, me quedé embarazada y perdí al bebé.

Al tiempo lo volvimos a intentar y nació nuestro deseado hijo y ahí me di cuenta de lo mal que estaba por dentro.

Tenía ataques de ira, insomnio, apatía, arremetía con frustración justamente con las personas que más ayudaban. Estaba tan cansada que no disfrutaba del mejor momento de mi vida. La maternidad.

Mi mente se volvió oscura, todo era negativo y no podía dormir por las noches.

El cansancio se apoderó de mi hasta que un día dije **BASTA YA,** ya me ha dolido lo suficiente y empecé a trabajar en mí.

Un gran amigo me recomendó una Psicóloga que trabajaba también como Hipnoterapeuta, gracias a sus sesiones empecé a encontrarme mejor, empecé a trabajar mi mente, vaciarla de todos los momentos negativos y a instaurar nuevas **creencias potenciadoras**.

Ese fue el inicio de mi reprogramación, no ha sido tampoco fácil, como a mi madre, he tardado 6 años en lograrlo.

La guinda final fue haber participado en un evento en directo de Lain García Calvo. Ahí por fin conecté con mi propósito de vida y desde entonces puedo decir que me he dedicado a hacer lo que verdaderamente amo. Siendo totalmente sincera tengo que decirte que no era ni consciente de que me gustaba escribir hasta que me dijo Lain: "tienes que escribir cada día" y así lo hice, modelar al campeón como él dice.

Mi misión en la vida amado lector es transformar la vida de las personas que quieran estudiar mis libros para que puedan alcanzar lo que se propongan. Para ello en este libro encontrarás la metodología que aprendido.

Para ello solamente te pido un favor, que compruebes cada cosa que te digo, ponlo en práctica.

No malgastes lo único que hay en la vida que no se puede comprar, el tiempo.

Deseo de todo corazón que este libro te sirva de herramienta para llevar tu vida a otro nivel, si estás todavía aquí demuestras que estás comprometido con ello y quiero felicitarte por tu decisión.

Es tu vida, ámate, cuídate y valórate.

¡Tu camino a vivir una vida apasionada empieza aquí!

GRACIAS

GRACIAS

GRACIAS

Lorena

Ponte la mano en el corazón y lee en voz alta:

YO SOY ENERGÍA,

ESTOY LLEN@ DE VITALIDAD.

LOS FRACASOS DE MI PASADO,
SON ENSEÑANZAS DE MI PRESENTE
Y VICTORIAS DE MI FUTURO.

YO SOY RESPONSABLE DE CREAR EN MI VIDA
FELICIDAD, ÉXITO Y RIQUEZA
PORQUE

¡¡¡TODO LO QUE NECESITO ESTÁ EN MÍ!!!

¿QUIÉN QUIERES SER TÚ?

"Las personas necesitan un propósito que tenga significado, esa es nuestra razón de vivir. Con un propósito compartido, somos capaces de conseguir cualquier cosa"

Warren Bennis.

Quizás todavía no lo hayas sentido en tu vida o no estés seguro de que existe, pero todos, todos nosotros, nacemos con un don especial.

Yo no lo descubrí hasta que cumplí los 43 años y participé en un evento de crecimiento personal.

Gracias a una de las meditaciones que se realizan durante el curso, sentí que hay algo más. Conecté con esa energía interior conectada con el universo y supe que tenía que escribir este libro para ayudar a todas aquellas personas que se puedan ver reflejadas en algún momento de mi vida. Así, pueden aprender de las herramientas utilizadas para llevar sus vidas a un siguiente nivel.

Mi objetivo en esta vida es dejar un legado. Para mi hijo, para mi familia y para todos. Deseo que todos vivamos en un mundo mejor.

Ya hará unos seis años que decidí dejar de ver la televisión. Todo lo que dan está manipulado y solamente sirve para poner la atención en lo que ves (desgracias, crisis). Te puedo garantizar que vivo mucho más feliz y tranquila porque mi foco está en donde yo elijo.

Sin saber más allá de la Ley de la atracción, ya estaba aplicando las **Leyes Universales** para poner el foco en aquello que quería y dejar de perder el tiempo en cosas que no aportaban nada a mi vida.

Siempre había soñado tener mi familia, una casa con piscina y un buen trabajo..., y lo conseguí, a pesar de todo lo que tuve que ir superando en mi vida. Pero, aun así, sentía que algo me faltaba.

Después del evento vi con una claridad increíble que todo me había sucedido para mostrarme diferentes enseñanzas y llegar a donde hoy estoy.

Te preguntarás: ¿y cómo lo has conseguido?

Ahora soy consciente de que he conectado durante toda mi vida con **la voz de mi alma**. Mi energía interior, sin yo ser consciente de que mi alma me había ido guiando.

Hará unos cinco años fui a una hipnoterapeuta para que me ayudara a calmar el dolor que sentía por todo lo que había sucedido en mi vida y allí seguí conectando con mi alma.

En menos de dos meses de haber ido a la sesión, cambié de trabajo y me mudé a mi casa con piscina. Lo visualicé y, tal cual, sucedió.

Ahí estaba de nuevo **el poder del mentalismo**, así que decidí empezar a estudiar en profundidad las leyes y ponerlas en práctica a diario.

Era increíble y al mismo tiempo me asustaba.

Pero, sin duda, después del evento de "Vuélvete Imparable" vi cuál era mi visión y propósito en la vida; ayudar a los demás a conectar con sus propósitos en la vida.

En ese evento me comprometí. Tomé una decisión que sé que va a cambiar el resto de nuestras vidas, a no conformarme con menos de lo que puedo llegar a ser.

Todo lo que necesitas para conseguir aquello que anhelas está dentro de ti. Naciste con esa energía pura, tan solo tienes que volver a conectar con ella y es un honor para mí que a través de estas páginas consigas conectar.

No existen casualidades, esto es una casualidad. Que estés leyendo este libro es por algún motivo que te tocará descubrir durante la lectura.

El cambio que te propongo será duradero y consistente. No dejes que tu mente te engañe, no te conformes con menos de lo que en realidad te mereces.

"Vive tu vida intensamente", como dice Will Smith, cantante actor, y productor. Lo que quizás no sepas es que nunca fue a la universidad.

Ser una persona de éxito no tiene nada que ver con los estudios que tengas, sino con el talento y la conexión que tengas con el universo.

Cualquier persona puede conseguir todo aquello que se proponga, pero eso significa que tienes que dar algo a cambio; esfuerzo, tiempo, dedicación y atención en aquello que quieres.

Rodéate de gente que te apoye a conseguir tus sueños y rompe con todo aquello que te aleje.

Deja de ser parte del 99 % de personas que no hacen las cosas necesarias para alcanzar el éxito en su vida.

Te reto a que contestes las siguientes preguntas. Lo ideal sería que las respuestas las escribieras en un papel, dado que está científicamente comprobado que existe una conexión especial entre el cerebro y la escritura.

¿Qué quieres ser en la vida?

¿Cuál es el significado para ti en la vida?

¿Cuál es tu sueño?

¿Cuál es tu talento?

¿Qué te impide ser lo que quieres ser?

¿Cuál es tu miedo más importante?

Para poder avanzar tienes que ser sincero contigo mismo y analizar quién eres.

Sabiendo cuál es tu punto de partida y trazar una meta hasta llegar a conseguir tus sueños es lo que vas a poder hacer durante la lectura de este libro.

¡BASTA YA DE CREER TUS EXCUSAS! ¡TU SUEÑO NO ES NOGOCIABLE!

Si te interesa, te espero encantada en el siguiente capítulo.

Gracias, gracias, gracias.

Ponte la mano en el corazón y lee en voz alta:

YO SOY ENERGÍA,

ESTOY LLEN@ DE VITALIDAD.

LOS FRACASOS DE MI PASADO,

SON ENSEÑANZAS DE MI PRESENTE

Y VICTORIAS DE MI FUTURO.

YO SOY RESPONSABLE DE CREAR EN MI VIDA

FELICIDAD, ÉXITO Y RIQUEZA

PORQUE

¡¡¡TODO LO QUE NECESITO ESTÁ EN MÍ!!!

CÓMO TE PUEDO AYUDAR

"La pregunta más urgente y persistente en la vida es: ¿Qué estás haciendo por los demás?"

Martin Luther King.

Si miras hacia atrás podrás detectar que en aquellas circunstancias donde te haya ocurrido algo con alto impacto emocional habrá creado en ti un **sistema de creencias** y pensamientos al respecto; referencias.

Si has estado en un estado donde temías algo y sentías miedo, seguro que te han llegado a la mente situaciones donde en tu pasado te sentías igual y automáticamente eso te ha llevado a sentir más miedo. Es como el pez que se muerde la cola.

Todas las vivencias que hayas registrado en tu mente, en el Sistema de Activación Reticular, tienen la función de influir en tu manera de actuar.

Dentro de cada uno de nosotros hay miles de referencias ligadas a nuestras experiencias del pasado, pero eso es el pasado, no es ahora.

> **Tu puedes crear un nuevo sistema de referencias a partir de hoy con el cual te ayudes a ti mismo a lograr tus metas.**

Puedes a partir de ahora, mediante la lectura, establecer un nuevo sistema de creencias que te ayuden a enfocar tu atención. Con este libro vas a aprender a identificar cuáles son tus creencias y cuáles son limitadoras.

No importa lo que pase alrededor. Cuando estás enfocado y tienes un claro objetivo no hay más opción. Mientras haya más opciones, tu mente ganará, así que vamos a trabajar en tu mente para conseguir lo que quieres.

Un milagro sucede cuando no tienes más opción.

Puedes tomar ejemplo de otras personas que ya hayan conseguido lo que tú quieres conseguir y esto te ayudará.

Asistir a eventos de crecimiento personal donde te rodeas de personas que vibran en tu mismo nivel.

Leer; todas las personas exitosas leen. Mientras estás leyendo estas líneas estás enfocando tu mente en aquello que el autor te está enseñando y te ayuda a establecer nuevas referencias.

La manera con que la gente exitosa se habla a sí misma marca la diferencia con las personas que no consiguen sus metas. Este es otro tema que vamos a trabajar en profundidad más adelante.

Si quieres obtener resultados extraordinarios tienes que empezar a trabajar en ello.

Tú ya tienes un cerebro brillante. Créelo y utilízalo como si fuera un ordenador con un software que tienes que actualizar.

Actualizado hablando contigo mismo de una manera muy precisa, con órdenes muy claras y concretas, vas a aprender que **tu mente hace lo que le dices que haga**.

La principal función de tu mente es darte seguridad, placer y alejarte del dolor.

Vas a aprender **a cambiar tus hábitos**.

Un hábito es como un hilillo invisible, que reforzamos cada vez que repetimos una acción, y cada repetición refuerza ese hilo y lo hace más y más grande hasta que se convierte al final en un cable de alta tensión.

Con constancia y perseverancia todo se puede conseguir y eso es lo que quiero para ti.

En este libro vas a aprender **a controlar tus diálogos internos**, a controlar tus pensamientos para que estés enfocado en lo que quieres conseguir.

Tú eliges el **poder de decisión,** es solamente tuyo si quieres cambiar o seguir como estás ahora.

Pero si estás aquí, está claro que quieres seguir creciendo para llevar tu vida a un siguiente nivel.

Vas a **aprender a perdonar**; es una de las herramientas más poderosas que existen. Si no sacas lo que te hace sufrir dentro de ti, no podrás poner cosas nuevas.

Voy a enseñarte a **crear nuevos hábitos** que te lleven al éxito y a responsabilizarte de tus actos con compromiso e integridad.

> Tú y solo tú eres el responsable de lo que quieras conseguir.

Una de las cosas que me ha funcionado a mí para interiorizar lo que aprendía sobre crecimiento personal ha sido apuntar las revelaciones que me venían a la mente mientras leía.

Son como chispazos que sientes y enseguida te dices a ti mismo frases como "Ostras, es verdad", "Eso es lo que me ha pasado", "Ahora lo entiendo"…

Así que, como se dice, coge papel y lápiz, marcadores…, lo que te ayude para señalar aquello que es un aprendizaje para ti.

> Una revelación es aquello que hasta ese momento pensabas que era imposible y se vuelve posible

En cuanto tengas una, ahí será cuando te transformes. Será tu punto de quiebre.

Estoy segura de que encontrarás mensajes para ti en forma de revelación. No los ignores y trabaja en ellos con las herramientas que vas encontrar en los siguientes capítulos.

Todo el mundo puede cambiar, solamente debemos de cambiar la manera de hacer las cosas.

Conseguirás ser feliz cuando conectes con tu propósito de vida y tu voz interior, la voz de tu alma.

Se puede decir que yo lo tenía todo. Un buen marido, un hijo maravilloso, un buen trabajo, casa, dinero para viajar por el mundo…, pero no era completamente feliz. Algo me faltaba y sufría insomnio.

Llevaba seis años despertándome a las dos o a las tres de la mañana. Podía tardar dos y tres horas en volverme a dormir.

3:33 Recuerdo una semana que varios días me despertaba a las 03:33 y me asustaba. Me despertaba y no quería ver el reloj.

Por aquel entonces no tenía ni idea del mensaje tan poderoso que había detrás de ese número.

Solamente lo descubrí en **¡Vuélvete Imparable!**, el 1 de diciembre de 2019. Conecté con lo que realmente quiero ser y supe que tenía un mensaje a compartir con el mundo.

Mientras me apuntaba el día siguiente a la mentoría de Lain, justo le comenté a la chica la coincidencia de que ese día había dormido por primera vez en seis años sin despertarme. Que incluso había días que me despertaba a las 03:33 y ella me dijo que era un mensaje para mí, que era un número maestro.

Quizás ya sabes qué significa, pero yo no conocía nada sobre los números maestros.

Significa precisamente volver a conectar contigo mismo con la ilusión de estar vivo y tener infinitas posibilidades. Es un mensaje para ser fuente de amor a tu alrededor.

Y, ¿sabes una cosa? Desde ese día no me he vuelto a despertar. Tomé la decisión de escribir este libro y precisamente mientras te estoy escribiendo una oleada de energía recorre mi cuerpo una y otra vez, poniéndose los pelos de punta. Ahora sé que es mi alma mostrándome que estoy en el camino correcto.

Siempre me había gustado ayudar a los demás. Mis amigos y familiares siempre me consultaban y me explicaban sus problemas.

Muchas veces he escuchado de ellos frases como "Eres mi psicólogo", "Qué suerte tengo de tenerte, "Qué energía transmites"..., y me encantaba, me hacía muy feliz poder ayudar.

Incluso en muchas conversaciones con mi madre me lo dice repetidamente.

Pero nunca me planteé escribir un libro, ayudar a los demás a crecer basándome en mis experiencias y resultados.

Así que me apunté a la mentoría de Lain García Calvo y aquí estoy, escribiéndote estas líneas para cumplir con mi propósito en la vida.

Allí obtuve mi mayor revelación: ayudar a los demás a alcanzar sus sueños.

Demostrar al mundo que se puede conseguir lo que quieres con fe, con la convicción de que no existe otra posibilidad para ti, salvo tu sueño.

Deseo para ti que mediante esta lectura conectes con el tuyo.

Vamos a por ello, te espero en la próxima página.

Gracias, gracias, gracias.

> ¡Sé tu mejor versión!

Ponte la mano en el corazón y lee en voz alta:

YO SOY ENERGÍA,

ESTOY LLEN@ DE VITALIDAD.

LOS FRACASOS DE MI PASADO,
SON ENSEÑANZAS DE MI PRESENTE
Y VICTORIAS DE MI FUTURO.

YO SOY RESPONSABLE DE CREAR EN MI VIDA
FELICIDAD, ÉXITO Y RIQUEZA
PORQUE

¡¡¡TODO LO QUE NECESITO ESTÁ EN MÍ!!!

LAS LEYES UNIVERSALES

"Lo que somos hoy proviene de nuestros pensamientos de ayer, y nuestros pensamientos actuales construyen nuestra vida de mañana. Nuestra vida es creación de nuestra mente"

Buda.

Seguramente habrás escuchado de su existencia o incluso ya has leído sobre ellas.

Pero hay una gran diferencia entre conocer y practicar.

Hay miles de libros bastados en las **7 Leyes Universales**.

¿Pero sabes realmente qué son?

¿De dónde vienen?

Las 7 Leyes Universales provienen de las tradiciones herméticas. Fueron escritas por Hermes Trismegisto, un sabio egipcio, y fueron transcritas cuatro mil años después en un documento que se llama *Kybalión*.

Si te has interesado en buscar por Internet habrás visto que no hay ningún texto en el que se mencionen explícitamente las 7 Leyes Universales hasta 1908.

Nos hablan de enseñanzas. Son principios que gobiernan cada aspecto del universo.

No voy a extenderme en este capítulo porque mi mentor, Lain García Calvo, lo explica perfectamente en la saga de *La Voz de tu Alma*.

He creído importante que te las nombre solamente en el caso de que nunca hayas oído hablar de ellas, para ayudarte a comprender un poco más qué es la Ley del Universo, que son las leyes quienes dicen cómo son las cosas y que no soy yo quien las que dice.

Como te decía, el universo está gobernado por unas leyes, al igual que crees y no te cuestiones que la Ley de la Gravedad existe. O, acaso, ¿te tirarías de un sexto piso? Claro que no. Entonces tienes que saber que funcionan de la misma manera.

Las leyes que ahora te mencionaré son igual de verdaderas.

A continuación, detallo brevemente lo que significan:

1. La Ley del Mentalismo:

Lo que piensas se manifiesta, somos creadores de nuestro destino.

2. La Ley de la Correspondencia:

Como es arriba, es abajo. Visualiza lo que quieres y te ocurrirá.

3. La Ley de la Polaridad:

Cambia tus pensamientos negativos por positivos.

4. La Ley de la Vibración:

Eleva tu energía, eleva tu vibración con afirmaciones positivas.

5. La Ley del Ritmo:

Todo tiene sus períodos de avance y retroceso.

6. La Ley de la Gestación:

Todo toma su tiempo.

7. La Ley de Causa y Efecto:

Da y recibe, en este orden.

Las leyes no fallan. Son las personas que fallan debido a sus mentes.

La mente es un mecanismo para evitar el cambio y siempre te hablará desde el miedo para protegerte. Inclusive va a criticar cualquier cambio que quieras iniciar, aunque el cambio suponga algo bueno para ti.

Hoy en día nadie pondría en duda de la existencia de los móviles. Es un hecho, pero piensa hace unos años, no tantos.

¿Qué harían nuestros bisabuelos si les enseñáramos un móvil?

No se lo creerían, lo criticarían y dirían que es magia, que no es cierto, porque al final la gente quiere lo que quiere creer.

Así que te animo a que compruebes lo que vas a ver en los siguientes capítulos para que tu mente crea en lo que se dice.

Las Leyes funcionan siempre y cuando creas en ellas, y si no eres de los que creen entonces compruébalo, ponlas en práctica y verás los resultados.

El mundo está cambiando y cada vez somos más personas intentando difundir estas leyes.

Te espero con ilusión en el siguiente capítulo para seguir explicándote más sobre cómo aprender a controlar tu mente.

Gracias, gracias, gracias.

Ponte la mano en el corazón y lee en voz alta:

YO SOY ENERGÍA,

ESTOY LLEN@ DE VITALIDAD.

LOS FRACASOS DE MI PASADO,
SON ENSEÑANZAS DE MI PRESENTE
Y VICTORIAS DE MI FUTURO.

YO SOY RESPONSABLE DE CREAR EN MI VIDA
FELICIDAD, ÉXITO Y RIQUEZA
PORQUE

¡¡¡TODO LO QUE NECESITO ESTÁ EN MÍ!!!

CONTROLA TU MENTE

"Lo que la mente pueda concebir y creer se puede lograr"

Napoleon Hill.

Pablo Coelho de pequeño soñaba ser el escritor más famoso del mundo y, sin duda para todos, lo ha conseguido.

Desde pequeño soñaba con ello y la única posibilidad que había para su mente era alcanzarlo.

Estarás de acuerdo conmigo que su nombre es conocido mundialmente.

Para conseguir que tu sueño se haga realidad lo primero que tienes que hacer es controlar tu mente.

Albert Einstein dijo que "la imaginación es más importante que el conocimiento", porque tu mente es limitada, mientras que el universo está lleno de infinitas posibilidades.

El universo está conectado contigo a través de tu supraconsciente.

Saber escuchar cualquiera de las posibilidades que hay ahí y llevarlas a tu mente consciente es el camino que te quiero enseñar.

Existen diferentes niveles de conciencia y a través de ellos puedes conseguir lo que quieres.

Lo que quieres desde un nivel consciente no es lo que necesariamente tu alma quiere.

A lo largo de la vida el alma nos guía y cuando no le hacemos caso nos devuelve a través de una dolencia, un malestar, ansiedad, con cualquier tipo de estado donde nos encontremos mal para darnos cuenta de que tenemos que hacer algo para cambiar.

Tienes que hacer las cosas para ser. Cuando controlas los niveles de conciencia y permites que el universo trabaje es más sencillo que vivir estresado y perseguir las cosas que quieres.

Hay que ser para que te sucedan cosas extraordinarias.

Hay muchos científicos que ya han demostrado la existencia de diferentes estados de conciencia.

En la Universidad de Columbia ya se han identificado que el cerebro es capaz de transformar información inconsciente en pensamiento consciente. Esta investigación se publicó en *Current Biology*.

Hasta ahora todo aquello que tenía que ver con estudiar la consciencia era algo místico, algo no lógico.

Francis Crick, quien descubrió la forma del ADN, definió que el mayor problema todavía no resuelto de la biología era precisamente la consciencia.

En su proyecto de "Human Brain" se han creado modelos matemáticos para analizar la conciencia y también han utilizado máquinas, chips, simulaciones de circuitos neurales…, para intentar entender la biología del cerebro.

Los científicos con este proyecto quieren demostrar que desde la comunidad científica ya se ha iniciado una nueva manera de trabajar la neurociencia, siguiendo las leyes de la metafísica.

Existen 3 niveles de consciencia:

Nivel supraconsciente.

O lo que se definen como la quinta dimensión. Es el nivel de las **infinitas posibilidades**.

Nivel subconsciente.

O lo que se define como la cuarta dimensión. Es el nivel donde están tus **creencias**, aquellos pensamientos automáticos.

Nivel consciente.

O lo que se define como la tercera dimensión. Es el nivel donde se **materializa** lo que piensas.

Cuando lo que piensas, lo que sientes y lo que deseas están alineados, se cumple lo que deseas. Es pura metafísica.

Si eres capaz de alinear lo que deseas, con la convicción de que lo vas a conseguir y tomas acciones diarias en ese sentido, no tienes que tener ninguna duda de que ocurrirá.

Por eso vamos a trabajar con tu subconsciente, con tus creencias y pensamientos internos, para que consigas en tu nivel consciente integrarlo y materializar lo que anhelas.

La gente de éxito tiene esa convicción y saben que pueden traer a sus vidas cualquieras de las posibilidades infinitas que se planteen.

Para ello trabajan su nivel de creencias mediante visualizaciones y acciones diarias. Al cabo del tiempo ven cumplidas sus metas.

A partir de ahora, vas a poder trabajar en tus creencias con las herramientas que vas a aprender en los siguientes capítulos.

Si tienes compromiso en llevar a cabo lo que te voy a proponer vas a conseguir una vida extraordinaria.

> **Si quieres una vida extraordinaria, tienes que empezar a hablarte de manera extraordinaria.**

Nuestra mente al nacer solamente tiene la función de protegerte, de sobrevivir, por eso siempre te aleja de todo lo que te causa dolor. La mente está programada para evitar el dolor o el peligro.

Cuando eras niño, si te acercaste al fuego y te quemaste, automáticamente procesaste que el fuego no se toca.

Por ejemplo, vas al trabajo cada día. Siempre hay mucho tráfico y te lleva más del tiempo de lo normal, te vas diciendo: "Otra vez igual", "Qué horror de tráfico", "Esto es una pérdida de tiempo"…

Está claro que estás empezando el día con un diálogo interno negativo.

Si sigues tu día diciéndote "Voy a llegar al trabajo tarde", "Ay, madre mía, otra vez llego tarde y mi jefe me va echar al final", "Mi jefe se va enfadar", "Qué pesadilla"…

Tu mente está recibiendo una y otra vez mensajes negativos. Tú mismo te has puesto en una situación negativa y tu mente solamente está recibiendo comentarios como horror, pesadilla, no puedo, etc.

Si sigues pensando "Ojalá tuviera vacaciones, ojalá fuera fin de semana sin tener que ir a trabajar"…

La función de nuestras mentes es protegernos del dolor.

¿Qué piensas que va hacer? Pues hará por ejemplo que te enfermes, que sufras estrés, que te alejes de ir a trabajar.

Así que probablemente un día te vas a levantar con una migraña, dolor de estómago o una gripe. Y hasta ahora habrás pensado que eso no tenía nada que ver contigo.

Pues siento decirte que, aunque ahora mismo te cueste creerme, lo has provocado tú con tus pensamientos.

La mente no diferencia de lo que es verdad a lo que no, de lo que es bueno o es malo

Simplemente te cree, cree que es un horror para ti ir a trabajar y hará actuar a tu organismo para crear esa enfermedad y no tener que ir.

Dentro de las posibilidades infinitas del universo existe el estar enfermo, así que la has atraído a tu mente consciente y se manifiesta en realidad.

Así que tienes que tener mucho cuidado con lo que te dices a ti mismo a diario.

Y dirás: "Bien, ¿cómo puedo ver algo bueno en estar parado en el tráfico a diario?".

Como la mente no sabe si le dices la verdad o no, puedes empezar a decirte todo lo contrario, "Me encanta, voy a aprovechar este tiempo para mí solo". Escuchando podcasts, audiolibros, música que te guste…; cualquier audio sobre lo que quieras trabajar para llevar tu vida a un siguiente nivel.

Desde que empecé a interesarme por el mundo del crecimiento personal, utilizo mi coche como una herramienta más de aprendizaje. Si estoy en caravana, escucho podcasts de mis mentores y te aseguro que no he vuelto a ver una pérdida de tiempo estar parada en el tráfico.

Si tu interés, por ejemplo, es perder peso, aprovecha este tiempo para escucha podcasts sobre ello. Todo ese tiempo que pasabas quejándote ahora lo dedicarás a poner el foco en lo que quieres conseguir.

Cambia tu identidad. Siente ahora como si fueras esa persona que quieres ser, como una persona atlética y llena de energía y vitalidad. Verás que no necesitarás fuerza de voluntad para ir a entrenar porque sentirás que ya eres esa persona.

La transformación de la identidad crea nuevos comportamientos, así que te invito que dejes el resultado y el proceso para conseguirlo a un lado y te focalices en la identidad que quieres para ti.

Voy a ponerte un ejemplo de una persona que conocí la cual logró controlar su mente y lo que le ocurrió fue algo maravilloso.

En el evento había una persona que habló de su experiencia, tuvo un accidente de moto y quedo la mitad de su cara paralizada perdiendo su maravillosa sonrisa.

Todos los médicos le decían que no podría recuperarla nunca, pero él no quiso conformarse. No se conformó con el diagnóstico y creyó firmemente que él recuperaría su movilidad facial.

Para él estaba claro que su identidad era la misma que la que tenía antes del accidente.

Gracias a creer firmemente en que él recuperaría su sonrisa porque él se veía así, las acciones diarias que llevó a cabo y la veracidad de la Ley del Mentalismo, consiguió recuperarla.

Cuando acabó de explicar su historia personal, nos enseñó a todos su gran sonrisa.

> **Cuando te dices la información incorrecta, obtienes los resultados que no quieres.**

En cambio, si te hablas de la manera correcta, precisamente consigues lo que quieres.

Si frente a un "problema" lo único que tu mente recibe son mensajes como: "Esto me está volviendo loco", "Estoy harto", "No puedo más", "Esto me está matando", "Me quiero morir", "No lo consigo", "No duermo", "Estoy estresado"…

¿Qué crees que te va a pasar?

¿Cómo crees que te vas a sentir?

Tienes que cambiar inmediatamente YA tu diálogo interno.

Coge un papel y durante los próximos siete días escribe todas esas frases que te dices de manera automática cuando algo no te es favorable.

Si no eres consciente de qué frases te dices, puedes preguntar a tu pareja, amigos o familiares sobre qué palabras usas normalmente. Te vas a sorprender.

A continuación, para cada una de ellas tienes que reformularlas de manera positiva.

Si lo ves muy "surrealista", lo ves algo muy lejano a que sea cierto, puedes decirte "Estoy en proceso de…" o "Cada día estoy más cerca de…".

Cambia tus expresiones negativas por positivas:

-"Cómo me encanta hacer esto".

-"Es un placer".

-"Estoy entusiasmado".

-"Estoy muy feliz".

Estas son las que yo me digo, pero debes hacer tu propia lista con tus propias palabras, aquellas que a ti te causen alto impacto emocional.

> La comunicación más importante que tendrás toda tu vida es la que tengas contigo mismo.

Eso hará que todo lo que te rodea sea de una manera o de otra.

Si estás a dieta y comes todos los días ensalada y pollo, en unos días vas a empezar a decirte a ti mismo que es súper aburrido. A nadie le gusta comer lo mismo todos los días y lo que va a ocurrir es que vas a abandonar la dieta.

Si realmente quieres perder peso debes cambiar primero tu diálogo interno. Da igual el peso que tengas, da igual si eres mujer y tienes la menopausia. Es posible perder peso si tú crees en ello, si adoptas unos hábitos saludables, en lugar de una dieta que sabes que abandonarás ¿en un día, una semana, un mes o un año?

> Tienes que creer y hablarte a ti mismo con la convicción de que vas a conseguir lo que tú quieras, y tomar las acciones correctas diarias para llegar a tu meta.

Tú eliges, solamente tú eliges así que tenlo siempre en cuenta.

Si todavía no crees en el poder de tu mente voy a ponerte otro ejemplo.

Estarás de acuerdo conmigo en que si pensamos en una aguja cada uno de nosotros va a reaccionar de una manera diferente

Ello será debido a la imagen que tenemos cada uno de nosotros y lo que asociamos a esa imagen.

Hay personas que les tienen pánico y les resultará muy desagradable pensar en ello. Su mente les dirá cualquier frase negativa que se les ocurra como "Odio las agujas", "Qué miedo", "No puedo soportar que me pinchen"…

Hay otras personas que están enfermas, y a pesar de que no les gusten las agujas, saben que hay un medicamento que necesitan y podrán tolerar más la idea de una aguja.

En cambio, las personas que se inyectan bótox, pueden pensar por ejemplo "Qué bien, por fin me voy a quitar diez años de encima" y les encantará la idea de una aguja. Esto es porque su mente asocia algo bueno, algo que quieren a la imagen de una aguja.

Si tu diálogo interno es "No puedo, lo odio, es insoportable" frente a un reto, será imposible que lo consigas, porque la asociación que hay es como la de la persona que tiene pánico a las agujas.

En cambio, si enfrente de un reto tú consigues dominar tu mente y pensar como que gracias a ello vas a conseguir lo que quieres, ¿qué te va impedir conseguirlo?

La manera en la que asocies tu imagen mental a algo hará que tu mente reaccione automáticamente, como con las agujas, así que tienes que detectar cuáles son tus asociaciones negativas y cambiarlas.

Puede que mientras hayas leído este capítulo te hayas dicho:

- pero ¿cómo voy a cambiar?

- Siempre he pensado así durante años.

Vamos a trabajar con tus creencias, con tu subconsciente. En el siguiente capítulo vamos a trabajar en ellas para identificar las que te ayudan y las que te limitan cambiarlas.

Estoy entusiasmada de que hayas llegado hasta aquí.

¿Seguimos?

Gracias, gracias, gracias por seguir queriendo aprender.

Ponte la mano en el corazón y lee en voz alta:

YO SOY ENERGÍA,

ESTOY LLEN@ DE VITALIDAD.

LOS FRACASOS DE MI PASADO,
SON ENSEÑANZAS DE MI PRESENTE
Y VICTORIAS DE MI FUTURO.

YO SOY RESPONSABLE DE CREAR EN MI VIDA
FELICIDAD, ÉXITO Y RIQUEZA
PORQUE

¡¡¡TODO LO QUE NECESITO ESTÁ EN MÍ!!!

LAS CREENCIAS

Las creencias son generalizaciones sobre nuestro pasado, basadas en cómo hemos interpretado una situación u otra que nos han enseñado durante nuestra infancia nuestros padres, profesores o tutores.

Por tanto, si eres padre, y quieres que tu hijo sea feliz en el futuro, debes tener precaución con las ideas que les transmites desde su infancia.

Hay un cuento que me impactó mucho de Jorge Bucay, *El elefante encadenado*. Era un elefante que desde que nació estuvo encadenado a un poste. De pequeño luchaba por romper la cadena, pero no podía. Siendo adulto y pudiendo haber tirado el poste nunca lo hizo, porque su creencia desde bien pequeño era que no era capaz de hacerlo.

Si en tu infancia te han tratado con palabras limitantes tus padres, profesores o amigos, ese alto impacto emocional ha creado tus creencias.

Generalmente habrán creado un problema de autoestima, una creencia limitante como podrían ser:

- Miedo a ser rechazado, a no ser amado.

- Miedo a no servir para nada.

- Miedo a hablar en público.

La buena noticia para ti es que:

> **Tu creencia no es la verdad, es una verdad que tú has construido en tu interior por lo que te han dicho o has vivido en una edad temprana.**

Cuando somos niños, si alguien ha sido cruel con nosotros, nos ha afectado porque no tenemos las herramientas adecuadas para lidiar con ello, somos frágiles.

Así que hay que trabajar con las creencias que se han establecido en nuestro interior a lo largo de nuestra vida, por lo que hemos escuchado de nuestro entorno:

- El dinero no da la felicidad.

- No quiero dejar a mi pareja porque no quiero estar solo.

- Si eres mujer y estás en los 40 no podré ser madre, "se me pasa el arroz".

Las creencias también pueden venir de nuestras propias experiencias como adultos. Algunas serán buenas y otras no. Por ejemplo:

- Si acercas la mano al fuego y te quemas aprenderás a estar lejos del fuego.

- Si un perro te muerde asociarás que todos los perros son peligrosos.

- Comer más de dos huevos semanales produce colesterol.

Sean cuales sean tus creencias, lo que está claro es que dirigen tus pensamientos y te condicionan.

Dependiendo de si tus creencias son positivas o negativas van a bloquearte o darte alas para crecer.

El impacto emocional que han causado en nosotros ha creado esas creencias.

Nuestras creencias hacen que tomemos decisiones sin ser conscientes, es decir, las realizamos automáticamente.

Casi siempre están basadas en la mala interpretación de algo malo que nos haya sucedido en el pasado o el miedo que se vuelva a repetir.

Cuando a mi padre le diagnosticaron cáncer, me dijeron que me lo llevara a casa porque no pasaría de un día de vida. Pero yo salí de allí y le dije a mi padre que pensara que esto era como una fuerte gripe, que luchara porque saldría de ello.

Así lo hizo. Él tenía fe en mí y en mis palabras y se agarró en ellas y su creencia interna fue que iba a salir de ello. Así fue, esa fue su creencia durante 5 años más hasta que la perdió. En el mismo momento que dudó, que dejó de creer, se fue.

Pero gracias a esa creencia, de un día de vida que le daban, pudimos disfrutar de cinco años más.

Pudimos viajar juntos. Fuimos a Montserrat, incluso celebramos juntos mis 30 cumpleaños.

Aún recuerdo a mi padre pinchando en la cabina de dj.

Momentos mágicos que fueron posibles solamente porque la creencia de mi padre era que se iba a curar.

Hoy en día la ciencia de la neuro- inmunología ya ha empezado a demostrar que nuestras creencias sobre la enfermedad y su tratamiento son la clave de la sanación.

En el evento de "Vuélvete imparable" de Lain García Calvo pude escuchar de la propia voz de muchas personas que habían superado un cáncer, parálisis, etc.

Todo lo que hacemos es debido a nuestras creencias, nada es aleatorio. Así que, si quieres hacer un cambio en tu vida, lo primero que hay que hacer es identificarlas y cambiarlas, si es que no te aportan nada positivo.

Primero debes identificar cuáles son tus creencias globales, es decir, aquellas creencias que tienes tan generalizadas que dominan varios aspectos de tu vida, ya sean para bien o para mal.

- ¿Cómo ves la vida?

- ¿Cómo crees que eres?

- ¿Cómo piensas que es la gente?

Es la certeza sobre la manera de pensar que tienes respecto a algo.

Si no estás logrando aquello que anhelas en tu vida debes de plantearte cuáles son las creencias que debes modificar.

Te invito a que realices un test que es gratuito. Se llama el Test de las 16 personalidades que lo encontrarás en la siguiente dirección de internet:

https://www.16personalities.com/es.

Te va ayudar a conocerte mejor, según la web: "Obtén una descripción concreta y precisa de quién eres y por qué haces las cosas como las haces".

¿Ya lo has hecho? ¡Bien! Te felicito por ello. Vamos a continuar con las creencias.

Básicamente, cualquier creencia se asocia a un miedo. Para muchas personas es mayor el miedo al cambio que el deseo de crecer.

> Los mayores miedos que cualquier persona tiene son: el miedo a no ser amado, aceptado. El miedo al fracaso. Debido a estos miedos asocias a una creencia un poder limitante.

¿No te has preguntado nunca por qué aceptas sufrir en lugar de hacer algo para cambiar la situación?

Estoy segura de que tu mente te estará mostrando miles de excusas para no hacer lo que tienes que hacer.

Las personas se ponen miles de excusas:

- Es que no tengo dinero.

- Es que es imposible esto.

- Es que vivo en un país que…

- Es que no quiero estar solo.

Es que, es que, es que…

Bien, ahora ya sabes que los "es que" son excusas de tu mente dominándote.

Y así será hasta que te haya dolido lo suficiente y te digas:

BASTA YA

Yo también he pasado por eso. He aguantado diferentes situaciones en mi vida hasta que he dicho "basta"; y ahí se ha producido el cambio.

Seguro que te estarás preguntando: "Bien, pero ¿cómo lo has hecho?

La respuesta es: cambiando mis creencias.

Para ponerte un ejemplo práctico... Mira alrededor de donde estés y busca cuántas cosas hay de color azul.

¿Lo tienes?

Bien, ahora dime ¿cuántas cosas hay rojas?

Con este sencillo ejercicio quiero mostrarte cómo actúa tu mente.

Aquello en lo que pones atención es lo que ves.

Tu mente estaba con la instrucción de buscar cosas de color azul, así que ha ignorado lo demás y seguro que había muchas cosas rojas.

Esto nos pasa todos los días a todos.

> **Según sean tus creencias, eso es a lo que te enfocarás ignorando el resto.**

Es importante aprender a poner la atención en aquello que quieres conseguir. Que no sea tu mente dirigiendo lo que quiere mediante tus creencias, sino tú decidiendo dónde quieres enfocar tu atención.

Si volvemos al ejemplo de querer perder peso, ¿por qué la gente después de perderlo, en poco tiempo vuelve a recuperarlo cuando dejan de hacer dieta? Pues porque asocian más placer a las cosas que les provocan ganar peso e ignoran el resto.

En el momento que dejas de poner atención en lo que quieres, vuelves para atrás porque no has integrado la creencia de comer saludable. No has cambiado tu identidad y no te sientes como la persona que quieres ser. Debe ser tu única opción.

Responde a las siguientes preguntas:

-¿Qué pierdes si no cambias?

-¿Qué te está costando ya mentalmente, emocionalmente, físicamente el seguir con esa creencia?

-¿Cómo te ves en cinco años si sigues como estás?

Vamos a trabajar con lo que realmente quieres para establecer aquello que quieres.

Muchas personas pasan por sus vidas sin plantearse qué es lo que realmente quieren y se conforman.

Pero si estás aquí, es por un motivo.

Tómate tu tiempo, piensa y sueña. No te pongas límites y escribe lo que realmente deseas en esta vida.

Si todavía estás enfocado en lo que no deseas entonces para cada punto que no quieres en tu vida piensa en cómo sería si sigues así en cinco años, en diez años… ¿Cómo estarás si no tomas acción ahora y empiezas a trabajar para cambiarlo?

¿Ya lo tienes?

La mayoría de gente no dedica tiempo a pensar,. No seas del 97 % de personas que no hacen las cosas.

Está bien, si ya lo has hecho sigue leyendo. Si no, te pido por favor que no sigas hasta que lo hayas hecho.

Para cada punto limitante, ahora identifica tu creencia limitadora.

Las creencias limitantes son ideas que tenemos en nuestro subconsciente creadas por nosotros mismos o por la influencia de personas de autoridad (en su mayoría en nuestra infancia) que forman parte de nuestra forma de ser y determinan nuestras actitudes y comportamientos.

Para explicarme mejor, voy a pedirte que te fijes en la siguiente imagen:

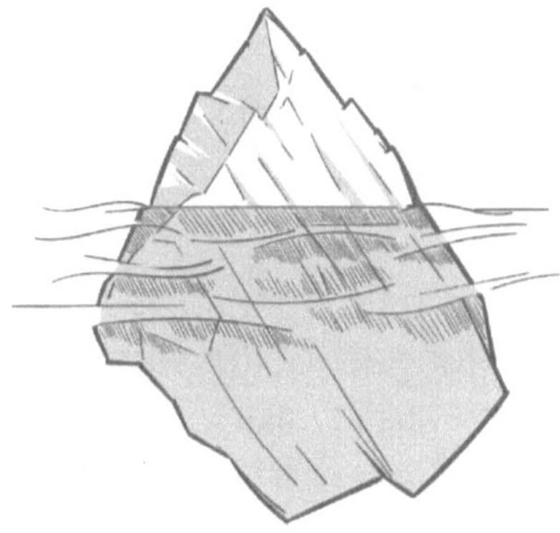

El iceberg somos nosotros mismos. Siempre hay una parte que dejamos que los demás vean y otra, la más compleja, que está oculta y sería la que está debajo del agua.

Precisamente, la parte sumergida es la que ocupa más lugar y así somos realmente. Lo que mostramos a los demás no es todo lo que somos.

La parte que se ve corresponde a la parte consciente; son nuestros comportamientos, actitudes y palabras que utilizamos.

Justo en la línea de mar encontraremos nuestras habilidades, pero no todas ellas son visibles, hay algunas que están debajo del agua.

Si seguimos profundizando en el mar, vamos a ver que allí están nuestras creencias, que se han ido creando a través de nuestras experiencias y enseñanzas.

Algunas de esas creencias nos van a ayudar y a dar poder para conseguir lo que queremos y esas son las que vamos a trabajar.

En cambio, hay otras que están más abajo y forman nuestra manera de ser, nuestros valores y que definen nuestra personalidad. Esas son las creencias limitantes.

Al final de todo el iceberg está nuestra identidad, cuál es nuestra misión en la vida; es decir, nuestra parte más espiritual.

Los valores serán los responsables de las creencias y opiniones que tengas, de tus habilidades, de la actitud que tengas ante la vida y del comportamiento o acciones que realices.

Las creencias limitantes suelen haber sido integradas por nosotros a través de figuras de autoridad cuando éramos pequeños. Normalmente nuestros padres, abuelos, profesores, cuidadores, hermanos mayores… Y muchas veces no sabemos ni siquiera cómo las adquirimos, parecen irracionales muchas otras.

Vamos a analizar tus creencias para que descubras si realmente te sirven para llegar a tu propósito:

- ¿Cuáles crees tú que son las tres creencias limitantes que te afectan negativamente?

- ¿Qué consecuencias han tenido ya en tu vida estas tres creencias limitantes?

> Como ves, existen creencias que nos refuerzan o empoderan más y otras que nos limitan más.

Como has visto en el iceberg, la gran mayoría está oculta así que te tocará analizarte en profundidad a ti mismo.

En mi caso, una de mis creencias ocultas era una que siempre sería aquella niña de la infancia con sobrepeso, por eso me adelgazaba y volvía a engordar. No era capaz de mantener mi peso ideal por mucho tiempo.

Siempre he estado en dietas eternas, perdía y volvía a ganar de peso y así toda mi vida hasta que cambié mis hábitos, mi relación con la comida y el ejercicio.

Empecé a cuidar mis comidas, a entrenar con frecuencia, a estudiar los principios universales y mis niveles de energía y vitalidad se restauraron.

Había llegado a meterme a la cama a las siete de la tarde, después de trabajar, porque no podía más. Hasta que dije "basta" y quise trabajar en cambiar esa creencia de que no tenía energía.

Así que me puse a trabajar en mis creencias. Como te imaginarás me llevó un tiempo. Uno no va al gimnasio un día y ya tiene el cuerpo tonificado al día siguiente. Hay que entrenar frecuentemente, incluso diariamente si quieres alcanzar un cuerpo atlético.

> **Para que ocurra un cambio en tu vida tienes que dar algo a cambio.**

¿Quieres cambiar tu salud? Entonces tendrás que sacrificarte dejando de comer comida basura, chocolate, estar en el sofá…; y cambiar por nuevos hábitos como ir al gimnasio, comer sano, etc.

Si lo que quieres es volverte millonario, pues deberás de dejar de perder tu tiempo en ocio y aplicarlo en estudiar y crecer personalmente.

Así funciona el sistema de creencias. Hay que entrenarlo a diario; repetirte las nuevas creencias que quieres implementar en tu pensamiento

Por repetición es cómo funciona para que sea un cambio perdurable.

Cambia:

tendría → podría

tiene que ser → soy capaz

no puedo → debo

Volvamos al ejemplo de salud: ¿quieres perder peso? A partir de ahora no te enfoques en cuantos kilos quieres perder, no digas "Debería perder tantos kilos…". Enfócate en cómo te vas a sentir cuando peses lo que quieras pesar o pierdas el porcentaje de grasa que quieres perder. Y no lo dudes, imagínate que ya eres esa persona y siéntelo, créelo. Vas a ver cómo te apetece moverte más y comer más sano.

Yo era fumadora, pero cuando conocí a mi primer marido él no fumaba y sabía cuánto odiaba el tabaco, así que sin duda decidí dejar de fumar. Cambié el "No puedo dejar de fumar" por "Voy a dejar de fumar", con total seguridad. Sin ningún tipo de duda y lo conseguí, y además sin el esfuerzo que pensaba que exigiría. Lo hice sin más y me sentí tan feliz y tan exitosa por conseguirlo…

Mi padre también era fumador y cuando le detectaron el cáncer dejaron de fumar él y mi madre. Simplemente dejaron de fumar. Ambos asociaron el dolor de las enfermedades que provoca el tabaco y asociaron salud y bienestar a no fumar.

Todos sabemos que el fumar es un billete a sufrir una enfermedad en el futuro, pero la gente sigue fumando y eso es porque es más importante para ellos el placer a corto plazo, el placer que supuestamente les da el fumar y miran para otro lado sin importarles las imágenes que hay hoy en día en las cajas de tabaco.

Es más fácil para ellos no pensar en las consecuencias y quedarse con el placer a corto plazo.

Si mis padres pudieron y yo también, y miles de personas también han dejado de fumar y tú fumas, plantéate por qué tú no vas a lograrlo.

Solamente tienes que controlar tu mente, asociar el dolor real que te va a provocar algún día, en lugar del supuesto placer que te da durante lo que dura un cigarro. Si ahora mismo un médico te dijera que si fumas un cigarro más te vas a morir, estoy segura de que dejarías de fumar inmediatamente. Eso mismo es lo que tienes que pensar.

A mis padres nadie les había hablado del poder de la mente, pero sus asociaciones fueron las correctas y dejaron de fumar.

Si deseas cambiar un mal hábito solamente tienes que dejar de hacerlo durante un tiempo continuado, y las conexiones neutrales que te llevaban a ese comportamiento no deseado se atrofiarán y dejarán de existir.

Cualquier comportamiento limitador puede ser cambiado.

Seguro que estarás de acuerdo conmigo en que todo el mundo quiere tener dinero. El dinero da la libertad, es una herramienta para poder conseguir lo que quieras en la vida como viajar, aprender, seguridad, etc.

Pero solo unos pocos consiguen ser millonarios. La mayoría de la gente no consigue tener el nivel económico deseado y ello es debido a la asociación interna que tienen con el dinero.

Su creencia interna es que el dinero es algo malo.

La mayoría de personas tienen muy claro que es lo que NO quieren:

- No quiero una relación de esta manera.

- No quiero vivir así.

- No me gusta mi físico.

- No quiero estar obeso.

Y así un sinfín de ejemplos que podría escribir, pero no se dan cuenta de que precisamente aquello en lo que piensas y te enfocas, es lo que atraes.

> **Si sigues enfocado en aquello que no quieres nunca llegarás a cambiar tu vida.**

Cuánto más específico seas con lo que quieres mejor. Además, hay que ponerle sentido de urgencia. Hay que ponerle fecha límite a lo que quieres conseguir.

Si quieres conseguir un cambio ahora, tienes que crear una sensación de urgencia tan intensa que sientas que quieres empezar inmediatamente. Te va ayudar a conseguirlo.

Una vez hayas decidido que quieres cambiar, hazlo. No dudes. Puedes hacerlo.

> **Sin duda, tu mente estará confusa y no sabrá qué hacer.**

Si existe una duda, por pequeña que sea, no lo conseguirías.

Tienes que sentir: "Basta ya. No puedo más. No puedo seguir ni un día más así".

Después de mi embarazo tenía 20 kg de más. No me cuidé para nada. Pensaba que mis hormonas habían jugado un mal papel y no era consciente del poder del pensamiento ni de nada de lo que te estoy hablando aquí.

Pero ahora veo que un día me pasó exactamente eso. Me dije "No puedo más. No aguanto ni un día más con este sobrepeso" y en menos de un año los perdí todos.

A día de hoy sigo en mi peso ideal y estoy casada con un buen hombre que amo y que me aporta felicidad, alegría y tranquilidad. Además, es el padre de mi hijo.

Si has intentado algo muchas veces, pero no lo has conseguido cambiar, quiere decir que el nivel de dolor no ha sido suficientemente intenso para lograrlo.

En lugar de llegar a ese extremo puedes entrenar tu mente y decirte y visualizar todos los días ese dolor intenso de seguir con esa persona y cuando él te deje verás que no es tal el sufrimiento porque ya has asociado el dolor y tú no quieres eso, no eliges estar mal. Elige ser feliz.

Por eso tienes que comprometerte, elegir cambiar YA. Ahora.

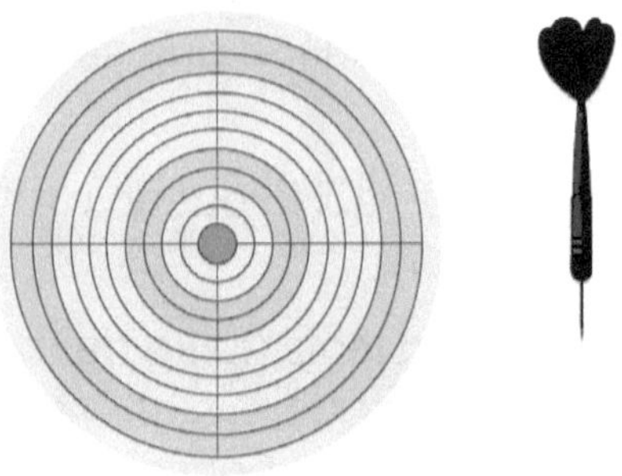

> **Nada tiene significado en la vida excepto el que tú le das.**

Así que asegúrate de elegir conscientemente los significados de aquellas situaciones que te ocurran y que te lleven a donde quieras llegar.

Pero te voy a decir algo. No te conozco, pero sé que si me estás leyendo es que algo en ti, en lo más profundo o quizás ya conscientemente, ha decidido que quieres cambiar, que quieres crecer y que quieres aprender a conseguir el éxito en la vida.

Confío en que no has seguido leyendo sin haber hecho el ejercicio que te he propuesto. Si no lo has hecho, te pido por favor que pares de leer y lo hagas.

> **Como haces una cosa la haces todas.**

Coge ese listado de creencias limitantes y escribe al lado todo lo contrario.

Lee las nuevas creencias que quieres interiorizar a diario hasta que veas que forman parte de ti.

> Como haces una cosa haces todas, así que si no has decidido cambiar ya no lo harás.

Descubre cuál es tu por qué y cuánto más fuerte sea más fácil será el cambio.

"Dame una palanca lo bastante larga
y un punto de apoyo lo bastante fuerte,
y moveré el mundo con una sola mano"

Arquímedes.

Pasa de ser creación a crear.

Fíjate que en la misma palabra está la acción.

CREENCIAS

CREER

CREAR

Si eres capaz de trabajar en tus creencias pasarás a ser creador de tu realidad.

Las creencias heredadas se pueden cambiar cuando superas la situación que te ha hecho tocar fondo y te ha hecho cuestionarte todo.

Desde esa humildad es cuando vas a cambiar las cosas.

Pero antes, es básico que cambies tus asociaciones.

En el siguiente capítulo vamos a entender por qué a las personas que les toca la lotería en pocos años han perdido todo, incluso están peor de lo que estaban antes.

Ello es debido a las asociaciones internas que tienen.

¿Seguimos aprendiendo en la siguiente página?

Gracias, gracias, gracias, por seguir dejándome ayudarte.

Ponte la mano en el corazón y lee en voz alta:

YO SOY ENERGÍA,

ESTOY LLEN@ DE VITALIDAD.

LOS FRACASOS DE MI PASADO,
SON ENSEÑANZAS DE MI PRESENTE
Y VICTORIAS DE MI FUTURO.

YO SOY RESPONSABLE DE CREAR EN MI VIDA
FELICIDAD, ÉXITO Y RIQUEZA
PORQUE

¡¡¡TODO LO QUE NECESITO ESTÁ EN MÍ!!!

TUS ASOCIACIONES

"El roble más fuerte del bosque no es el que está protegido de la tormenta y escondido del sol. Es el que está al aire libre donde se ve obligado a luchar por su existencia, contra los vientos, las lluvias y el sol abrasador"

Napoleon Hill.

El Fondo Nacional para la Educación Financiera (NEFE) sostiene que el 70 % de los ganadores de la Lotería Primitiva, ganadores de millones, en cinco años han perdido todo lo que han ganado e incluso tienen deudas.

Y eso es exactamente debido a que no estaban preparados psicológicamente para hacerse ricos, millonarios, de la noche a la mañana.

Su sistema de creencias no está lo suficientemente preparado para lidiar con ello.

Para tu mente, ser millonario de repente es algo desconocido y lo rechazará. Lo hará desde tu subconsciente y te llevará a tomar decisiones erróneas.

Lo que es conocido para estas personas es gastar lo que tienen y así lo hacen. No saben invertir, ahorrar y crear negocios para rentabilizar el dinero.

Hay un australiano que ganó 20 millones de euros en la lotería. Imagínate ganar de golpe 20 millones de euros, es algo que ni te lo habrás planteado en la vida.

Esto le pasó a Sherif Girgis. Se vio con tal suma de dinero y sin saber qué hacer, que fue a un asesor inmobiliario y decidió invertir sin saber nada del negocio.

Fue tomando decisiones incorrectas sobre inversiones y negocios y en menos de 10 años se quedó arruinado.

Otro ejemplo, os puedo hablar desde mi experiencia personal es las dietas.

Como te he dicho varias veces, toda la vida he estado a dieta. Lo perdía y volvía a subir de peso porque para mí estar delgada era desconocido, así que dejaba de poner atención en la dieta y volvía a subir de peso. Volvía a comer y beber, lo que me hacía ganar peso y así continuamente hasta que cambié mi diálogo interior y cambié mis hábitos.

Con el tiempo y constancia cambié mi creencia limitante de que no podría ser delgada a todo lo contrario, a creer firmemente que podía tener el cuerpo que deseara, recuperar la energía y vitalidad que tenía cuando era joven para poder jugar con mi hijo y no estar cansada.

Otra asociación que frecuentemente podemos ver es la de personas que se conforman con una pareja que no les tratan bien- Puede ser por varios motivos. Por miedo a quedarse solos, por ejemplo. Pero, sin duda, si una persona no ha tenido una infancia donde no ha recibido amor, seguramente las parejas que tenga no la van a tratar bien y lo aceptan como algo normal cuando no lo es.

Quizás tuviste una infancia donde no te valoraban, no te daban el amor deseado y estás con una pareja que te trata de la misma manera. Y tu creencia es esa y no te das cuenta de que lo normal es totalmente lo contrario.

Pero te pasa como al ganador de la lotería, es desconocido para ti que te quieran, que te mimen, que te traten bien… Y cuando encuentras una pareja así la rechazas.

Una pareja debe de aportarte alegría, ilusión, felicidad y ganas de hacer cosas juntos, desde el respeto y la libertad de decisión.

Si lo que necesitas es valorarte más, un ejercicio muy simple y efectivo es que dejes de decir "de nada". Cuando alguien te de las gracias por algo que hayas hecho a partir de ahora no contestes "de nada". Esta es una respuesta automática de tu mente porque piensa que se es cortés. Es una creencia arraigada y no te das cuenta de que lo que hay detrás de decir "de nada" es dejar de valorarte a ti mismo; lo que has hecho con esas palabras

No te menosprecies, no quites valor a lo que hayas hecho. Cámbialas por "Agradezco tu agradecimiento" o "Tomo tus gracias", "Fue un placer ayudarte" o con un "Gracias también".

Puedes crear con todo lo que quieras si realmente le dices a tu mente que lo haga.

Si no has tenido lo que has querido tener, puede ser común que rechaces precisamente eso.

Si has tenido una infancia donde había problemas de dinero, puede que tengas una asociación de dolor al dinero que te impide alcanzar el nivel económico deseado.

Si estás en un lugar pobre y les dices que quieres ser millonario te van a decir que estás loco.

No lo digas y demuéstrales que es posible, y cuando lo consigas nadie lo dudará.

Mientras estés en el proceso de alcanzar tus sueños, aléjate de aquellos que critiquen lo que estás haciendo.

Pero puedes decidir cambiarlo, puedes decidir hacer familiar el tener dinero y asociar placer a ello.

Son tus creencias y ya hemos hablado cómo trabajar con ellas.

Ahora eres un adulto y puedes elegir qué quieres. No tienes por qué seguir asociando dolor a aquello que era familiar como era el no tener dinero, o no tener un cuerpo atlético, etc.

> **Elige tener confianza en ti mismo y seguridad.**
>
> **Ha llegado la hora de ponerte en primer lugar y tomar acción.**
>
> **Ha llegado el momento de elogiarte, quererte y respetarte.**

Rodéate de personas que no te condicionen.

Cuando una persona ve algo nuevo, una amenaza, lo va a criticar.

Sus comentarios te pueden influir negativamente porque por el efecto Pigmalión te llevarán por el camino no deseado.

Para aquellos que no sepáis qué es el efecto Pigmalión, o profecía auto cumplida, simplemente comentar que se trata de cómo la opinión en los demás nos influye en nuestra toma de decisiones.

Si estás enfermo y vas a un médico que te dice que es incurable lo que tienes, automáticamente estás acabado.

Mi padre, a pesar de haber perdido una costilla por el cáncer, no creyó que era incurable y luchó cuando el pronóstico de vida era de un día y vivió cinco años más.

Para evitar que te influyan las opiniones, incluso las tuyas, vamos a trabajar con tus pensamientos.

Elige qué es lo que quieres y haz de ello tu única opción.

Te espero en el siguiente capítulo para ayudarte a controlarlos.

Gracias, gracias, gracias. ¡Qué feliz me hace que sigas conmigo!

Ponte la mano en el corazón y lee en voz alta:

YO SOY ENERGÍA,

ESTOY LLEN@ DE VITALIDAD.

LOS FRACASOS DE MI PASADO,
SON ENSEÑANZAS DE MI PRESENTE
Y VICTORIAS DE MI FUTURO.

YO SOY RESPONSABLE DE CREAR EN MI VIDA
FELICIDAD, ÉXITO Y RIQUEZA
PORQUE

¡¡¡TODO LO QUE NECESITO ESTÁ EN MÍ!!!

TUS PENSAMIENTOS

"El agua es la fuerza motriz de toda la naturaleza", así definía el elemento Leonardo Da Vinci. Y este genio no se equivocaba, dado que el cuerpo humano está compuesto en un 60 % de agua, el cerebro está compuesto por un 70 % de agua, la sangre en un 80 % y los pulmones se componen en un 90 % de agua.

El científico japonés Masuro Emoto realizó un estudio de cómo los pensamientos impactan y modelan las moléculas de agua.

A continuación, voy a demostrarte cómo afectan los estados de agua según la manera en que les hables.

Puedes verlo en el documental "¿Y tú qué sabes?".

Se hizo famoso por sus experimentos sobre la **«inteligencia del agua»**.

También hizo otros experimentos parecidos. Llenó dos botellas con la misma agua y expuso una de ellas a música armoniosa (Vivaldi, Beethoven, Mozart, Bach) y observó que se construían hermosos hexágonos. La otra botella fue expuesta a heavy metal y comprobó que el agua quedaba desestructurada, sin rastro de los hermosos hexágonos.

Repitió los mismos experimentos, pero exponiendo el agua a pensamientos, imágenes, emociones, textos o palabras. Si anotaba palabras como "amor", "paz", "gracias", "respeto" o "tolerancia" se formaban estructuras geométricas hexagonales.

Por el contrario, con palabras como "odio" o "asco", o expresiones como «Te voy a matar» las formas geométricas eran oscuras y desestructuradas.

Dado que estamos formados mayoritariamente por agua, la manera en la que te hables hará que te sientas de una manera u otra.

> **El pensamiento es un proceso tan habitual que no somos conscientes de cuantos pasan por nuestro cerebro a diario.**

Los expertos dicen que rondan los 60.000 al día; siendo la mayoría de ellos pensamientos negativos o innecesarios.

Pensar es algo que hacemos a diario, miles de ideas cruzan nuestra mente. Casi siempre sobre cosas que ya nos han pasado o cómo podríamos haberlas hecho de otra manera.

El impacto de nuestras palabras y pensamientos hará que te desarrolles como una persona positiva, activa, con ganas de triunfar o, por el contrario, negativo, pesimista y depresivo.

Poco a poco las creencias han inundado tu mente subconsciente y pierdes tu visión, el porqué de estar aquí y cuál es la razón por la que ha venido, a raíz de la cual tomas decisiones y eliges consciente e inconscientemente.

> **¿Sabes con qué persona pasas y pasarás más tiempo en tu vida?**

Exacto, contigo mismo.

Si nos paramos a reflexionar, piensa cuántas veces has entrado en un pensamiento bucle negativo que no te dejaba dormir.

Quieras o no, los pensamientos influyen en nuestro estado emocional.

Si consigues cambiar tu pensamiento, conseguirás cambiar tu estado emocional.

El orden sería el siguiente:

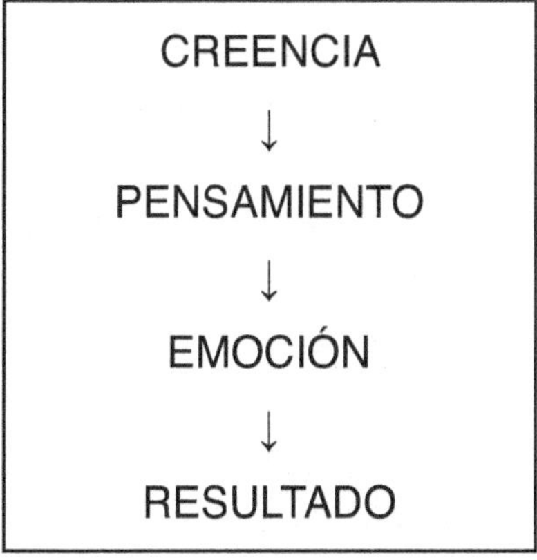

Ya has aprendido a cambiar tus creencias. Ahora verás que al cambiar tus pensamientos vas a tener una actitud más positiva, vas a ser más feliz y mejorarás tus relaciones, tanto contigo mismo como con los demás.

Te voy a dar una estrategia muy sencilla que yo he utilizado para detectar los pensamientos automáticos negativos y cambiarlos por positivos.

Te propongo un nuevo reto. Durante los siguientes 10 días detecta cualquier pensamiento negativo que te llegue y cámbialo por una solución.

Te va a ayudar a romper tus barreras mentales y tomar el control de tu vida.

Puedes decidir hacer este ejercicio o no, pero si no lo haces y te limitas a simplemente leer este libro para pasar el tiempo tu vida no cambiará.

Cada vez que detectes un obstáculo, impedimento o pensamiento negativo arráncalo al instante de tu mente.

Son como malas hierbas, si no las arrancas no desaparecen, pero si las ves y las identificas, puedes estar feliz porque sabes que al arrancarlas desaparecerán.

Así hago con los pensamientos negativos. Los arranco como las malas hierbas y los cambio por soluciones.

- Durante estos días no permitas ni un pensamiento limitador. Sé que no es fácil, pero estoy segura de que puedes conseguirlo si tienes compromiso firme con ello.

Cuando te des cuenta de que tu mente te lleva una y otra vez a un problema tienes que plantearte por qué vas a permitir que eso suceda.

Dile a tu mente "Basta ya", dile a tu mente que quieres una solución y piensa en ella.

Verás que tu estado de ánimo cambia inmediatamente.

La mente es un mecanismo que siempre va intentar protegerte, se siente más cómoda con las desgracias que con los éxitos.

> **Si no controlas tu mente vas a tener una vida desgraciada.**

Quizás no te haya gustado lo que acabas de hacer, pero tienes que poner a tu mente al servicio de lo que tú quieras.

Cada vez se ve más cómo en las escuelas se enseñen valores, yoga, *mindfulness*…

Mi hijo, por ejemplo, cada día cuando llega del patio, con seis años, hace unos minutos de yoga para recuperar la calma y entrar en clase con la energía correcta.

El crecimiento personal es algo que deberían enseñar desde edades tempranas. Todo en esta vida debería de estar enfocado en poner el crecimiento personal como prioridad número uno en tu vida.

Cuando te concentras en ello, cuando lo pones en primer lugar, verás que todo crece alrededor. Esta debería de ser una regla básica para tu transformación.

Tiene que ser tu objetivo principal. Vas a ser un mejor padre, tener un mejor matrimonio y tus negocios o trabajo irán mejor.

En el siglo XX, una diplomatura o una licenciatura te prepara para trabajar de aquello en lo que habías estudiado para toda tu vida.

Pero en el siglo XXI ya no es así. Las enseñanzas quedan obsoletas constantemente por el avance tan rápido que estamos viviendo.

Se dice que dentro de cinco años el conocimiento de las cosas tal cual hoy las conocemos quedará obsoleto.

La persona que no reúna o trabaje en sus habilidades constantemente se queda atrasada respecto al resto.

Por eso recomiendo que leas, lee cada día sobre todo lo que quieras aprender y te ayude a mejorar.

Y paga por el libro. No te lo descargues ni lo pidas prestado porque es el precio que te toca pagar para tu aprendizaje.

Al pagar un precio estás adquiriendo el compromiso de leerlo de una manera muy diferente de si te lo has descargado o te lo han dejado. Las sincronicidades cambiarán.

Como has dado tu dinero, has pagado el precio. El universo estará de tu lado porque has dado a cambio lo primero que tienes que dar; el precio.

Alvin Toffler dice:

"Un analfabeto hoy en día no es el que no sabe leer, sino el que no ha aprendido a aprender".

Creo que, si estás leyendo este libro, es porque estás dispuesto a cambiar en tu vida. Solamente te toca a ti en creer en ti mismo.

Si en algún momento permites que te influya un pensamiento negativo, pero lo detectas, no te desanimes. Actúa en consecuencia y cámbialo en el momento en el que lo detectes.

Repite de nuevo el ejercicio a partir de ese día en donde has dejado que tu pensamiento te haya afectado y vuelve a empezar con los diez días.

Cualquier persona de éxito es capaz de realizar este enfoque sin problemas.

- ¿Por qué tú no vas a poder?

- ¿Por qué no puedes tú tener una mente enfocada y clara?

Por supuesto que puedes, solo tienes que practicar.

Todo el libro es un reto continuo al que te someto para que te des cuenta por ti mismo del poder que tienes dentro de ti.

¿Te has dado cuenta del impacto que causan tus pensamientos y tus creencias en tu vida?

Este reto es una herramienta muy agradecida. Si lo haces bien sentirás alegría y comprobarás que a partir de ahora puedes llegar a conseguir tu vida sin límites.

La primera vez que realicé este reto a los dos días ya tuve que empezar de nuevo.

La segunda vez duré seis días y no fue hasta la tercera vez que logré estar diez días focalizada en pensamientos positivos.

La alegría que sentía a diario hacía que todo lo que me plantease hacer lo realizase, hasta mi marido se dio cuenta de que algo había cambiado en mí.

Desde entonces intento a diario mantener el reto y si viene alguna situación o pensamiento negativo sencillamente le doy la espalda.

Todos aprendemos por repetición. Si no desistes harás de este reto un hábito fantástico para tu vida.

Cuanto mejor te hables, mejor te sentirás.

Yo tengo una lista con frases positivas que utilizo constantemente:

—Qué emoción – en lugar de "Qué nervios".

—Es maravilloso – en lugar de "Odio esto, estoy harta".

—Me encanta esto – en lugar de "No puedo hacer esto".

—Quiero hacerlo, puedo hacerlo, elijo hacerlo – en lugar de "No puedo".

Al principio la vocecita negativa de tu mente va a decirte todo lo contrario, que quizás te estás mintiendo. Pero, recuerda, sí puedes y todos aprendemos por repetición.

Si esas palabras negativas vienen de tu infancia, y en tu caso eran tus padres los que te limitaban y te hablaban con esas palabras, respóndete "Eso no es verdad. No tienes razón. Yo no soy esa persona".

Rompe ese patrón mental porque no eres tú, tú no eres así, tú eres como quieras ser y no es lo que te han dicho durante años y ha creado una creencia que se ha arraigado dentro de ti.

Y es la ley del mentalismo. Si tú controlas tu mente y piensas en positivo es lo que el universo, Dios, te traerá.

No fallan las leyes, fallan las personas.

> **Tus pensamientos controlan tus sentimientos, tus sentimientos controlan tus acciones y tus acciones controlan tus resultados.**

La gente exitosa controla sus creencias y pensamientos de forma natural.

Tú también puedes hacerlo, solamente depende de ti. Siempre tienes la opción de elegir.

¡Qué emoción siento, estoy feliz por saber que estás aquí y quieres seguir creciendo!

> Todo lo que necesitas está en ti.

Pero, como siempre, tú decides.

En el siguiente capítulo vamos a trabajar con la toma de decisiones, para que empieces a tomar acción y a elegir.

Gracias, gracias, gracias. ¡Te espero en la siguiente página!

Ponte la mano en el corazón y lee en voz alta:

YO SOY ENERGÍA,

ESTOY LLEN@ DE VITALIDAD.

LOS FRACASOS DE MI PASADO,
SON ENSEÑANZAS DE MI PRESENTE
Y VICTORIAS DE MI FUTURO.

YO SOY RESPONSABLE DE CREAR EN MI VIDA
FELICIDAD, ÉXITO Y RIQUEZA
PORQUE

¡¡¡TODO LO QUE NECESITO ESTÁ EN MÍ!!!

EL PODER DE DECIDIR

Pasa a la acción. Empieza hoy mismo tomando decisiones que te lleven a crear tu destino.

Ya has definido anteriormente quién quieres ser, entonces comprométete. Es tu deber ser quien quieres ser y solamente tú con tus decisiones y acciones te van a llevar a conseguirlo.

Lamentablemente la mayoría de personas no lo harán. Es más sencillo justificarse y buscar mil excusas.

No es lo mismo decir "Me comprometo a ser millonario" que decir "Me gustaría ser millonario".

¿Ves la diferencia?

Comprometerse significa obligación que vas a hacer todo lo que haga falta. En cambio, "Me gustaría" es simplemente una expresión de deseo, sin ninguna obligación contraída.

El poder de decisión es algo que poseemos todos, está dentro de nosotros.

Y te preguntarás: si es tan sencillo, ¿por qué la gente no lo hace?

La respuesta es por el esfuerzo que requiere.

Comprometerse significa dejar de hacer cosas y hacer otras, salir de tu zona de confort.

En mi caso, al comprometerme a alcanzar mi sueño implicó que después de salir de trabajar iba a la universidad cada día hasta las diez de la noche y estudiar los fines de semana.

Las dos carreras que tengo las acabé en diez años mientras trabajaba a tiempo completo.

Gracias a mi esfuerzo, cada año escalaba puestos de más responsabilidad en la empresa que estaba.

No fue fácil, no, me costó un divorcio y mucho sacrificio, pero a día de hoy tengo un trabajo que me hace feliz.

Tomé la decisión de dejar un trabajo estable, llevaba en la misma empresa casi 16 años, tenía un buen sueldo, y decidí cambiar a una nueva empresa, a ser responsable de otro tipo de negocio. Me arriesgué y triunfé.

Ahora mismo he tomado la decisión de ayudar a todo aquel que lea este libro y estoy segura de que dentro de unos años esta decisión llevará a un nuevo gran cambio en mi vida.

Tomé la decisión de romper con mis amistades, de alejarme de la noche y eso me llevó a volver a estudiar, a irme a vivir a Irlanda.

Tampoco fue sencillo dado que mi nivel de inglés era muy bajo y me tiré un mes llorando, pero ese esfuerzo me llevó a empezar a crear mi carrera profesional.

Cuando uno se compromete con lo que quiere el universo, Dios o llámale como mejor te identifiques, hace que se mueva la energía y las situaciones para que todo lo que has dado te venga de vuelta.

"La calidad de vida de una persona es directamente proporcional a su compromiso con la excelencia, independientemente de su campo de actividad"

Vince Lombard.

Supera tu miedo a tomar decisiones y sé flexible.

A lo largo de mi vida he tomado muchas decisiones erróneas, pero siempre me han enseñado algo y he aprendido de ellas. Las he utilizado para tomar mejores decidiendo en el futuro.

No desistas si te has comprometido. Si realmente has tomado la decisión de comprometerte con tu sueño, te pido que tengas fe y lo lograrás.

Un ejemplo de compromiso y perseverancia es Walt Disney.

Un día, mientras regresaba a su casa en tren dibujó un ratoncito, al cual le llamó Mortimer Mouse (posteriormente le cambió el nombre a Mickey Mouse).

Se convenció a sí mismo que sería un éxito como dibujo animado y que sería el ratoncito más famoso de la historia.

Nadie duda que lo logró.

Lo que quizás no sabes es que fue a muchísimos bancos, rechazaron darle crédito, su anterior empresa fue a la bancarrota... Pero no desistió y finalmente encontró uno que le diera el crédito que necesitaba para producir su primera película animada.

En aquella época pedía 15.000 dólares, que si lo traemos a día de hoy equivaldría a un millón de dólares. No era una tarea fácil de conseguir.

Pero decidió seguir buscando financiación, estaba convencido de su éxito antes de que ocurriera y al final un banco le prestó el dinero y hoy en día todos conocemos a Mickey Mouse.

> **Hay que comprometerse con el largo plazo y no desistir.**

A menudo lo que parece imposible a corto plazo se convierte en posible si no abandonas en el proceso.

Ya sabes que aprendemos por repetición. Así que cuantas más veces tomes decisiones, cuanto más practiques el poder de decidir, más fácil será para ti.

Es como un músculo. Lo ejercitas y lo tonificas. Al tomar decisiones se libera energía y el universo se alinea contigo.

En lugar de quedarte en el supuesto fracaso y dejar la atención en lo malo, enfócate en lo que has pedido para llegar a conseguir lo que quieres.

Puedes leer miles de libros de crecimiento personal, ver vídeos, escuchar audios o asistir a seminarios.

> Puedes invertir miles de euros en crecimiento personal, pero si no decides aplicarlo, no servirá de nada.

Si creamos un nuevo mundo donde la gente brille, estén enfocadas en sus metas, en lugar de criticar…; seremos más felices.

Se tarda 50 años en matar una creencia colectiva. Empecemos a crear nuevas creencias que nos ayuden a crecer para vivir en un mundo mejor.

Cada vez hay más gente conectada a esta manera de pensar. Decide tú en tu vida y no dejes que los demás decidan por ti.

Todos somos uno y no puedes hacer daño alguien sin hacértelo a ti también, así que deja de escuchar a las personas que no creen...

Esta es una idea simple y lógica que a lo largo de la historia diferentes líderes espirituales y religiosos han defendido, pero es una idea que nos cuesta entender. Lo que pasa es que no lo vemos y al no verlo la gran mayoría de personas no lo creen.

Por eso es vital el practicar el perdón, porque se libera una energía que está dentro de ti que no te hace ningún bien.

Para seguir avanzando tenemos que trabajar en perdonar.

Te espero en el siguiente capítulo donde te voy a demostrar técnicas científicas que demuestran el poder del perdón y el efecto que va a causar en ti.

¡Tu camino te espera!

Gracias, gracias, gracias.

Ponte la mano en el corazón y lee en voz alta:

YO SOY ENERGÍA,

ESTOY LLEN@ DE VITALIDAD.

LOS FRACASOS DE MI PASADO,
SON ENSEÑANZAS DE MI PRESENTE
Y VICTORIAS DE MI FUTURO.

YO SOY RESPONSABLE DE CREAR EN MI VIDA
FELICIDAD, ÉXITO Y RIQUEZA
PORQUE

¡¡¡TODO LO QUE NECESITO ESTÁ EN MÍ!!!

EL PODER DEL PERDÓN

"Vencer y perdonar, es vencer dos veces"

Pedro Calderón de la Barca.

El perdón es algo en lo que todos tenemos que trabajar para poder sanar nuestro ser, nuestra alma y poder llenar ese espacio de libertad y paz.

Aprender a soltar la mochila no es tarea fácil, pero es vital si lo que quieres es seguir creciendo.

Hay que perdonarse a uno mismo y a los demás.

Muchas de las enfermedades que padecemos vienen precisamente por haber guardado rencor, ira y no saber perdonar.

La primera vez que me di cuenta del poder del perdón fue durante una meditación en un evento. Sentí como si me sacaran un peso, una losa increíble que había acarreado durante años. No era consciente que arrastraba porque pensaba que había perdonado, pero me di cuenta de que no era así, y a partir de ese día empecé a pensar en cosas que debía perdonar y cada día trabajaba en una de ellas.

Perdonar es dejar de hablar mal de esa persona, no sentir dolor ni tristeza frente a un hecho que te causaba dolor.

Que lo hagas no significa que tengas que relacionarte más con esa persona, puedes elegir alejarte y no querer saber más.

> **Trabajar el perdón es un bien que te harás a ti mismo.**

No importa si la otra persona lo hace, tienes que perdonar para liberar **esa energía que hay en ti y que te** daña a ti.

Si practicas a diario el perdón, sentirás que disminuye la ira, el rencor y te sentirás libre. Incluso aquel dolor de espalda o de cabeza, que quizás sentías, desaparece como por arte de magia.

Además de las ventajas de cómo te vas a sentir, vas a dejar espacio en tu subconsciente para llenarlo de nuevas creencias positivas.

Soy consciente de que hay cosas que son realmente difíciles de perdonar como abusos o violaciones.

Pero, precisamente, el perdonar te va liberar de esa ira, de ese resentimiento que no te deja avanzar porque tus pensamientos están enfocados en la rabia que sientes.

Pero si quieres llevar tu vida a un siguiente nivel, debes aprender a perdonar, debes dejar atrás esas cargas emocionales.

> Perdonar no es ceder, no es fingir que no ha pasado nada, ni mirar para otro lado. Perdonar tiene que ver contigo mismo, no con los demás, tiene que ver con que tú te sientas bien, que te liberes de ese rencor, de que cures tus heridas, de que elijas seguir avanzando.

Tú tienes el poder de decidir lo que quieres.

El dolor que te haya causado lo que te haya pasado es inevitable, ya está causado, pero la elección de dejar que ese dolor se quede dentro de ti, de que la ira te apodere, sí lo puedes evitar. Sí puedes elegir perdonar y liberarte de ello.

Elige dejar atrás los sentimientos negativos que te limitan, que te paralizan. Mediante el perdón, la ira desaparecerá.

Lo que ha pasado no lo podrás cambiar, pero sí puedes cambiar la manera en la que lo vas a vivir a partir de ahora.

Hay un centro de investigación en Estados Unidos, en el British Council de Virginia, donde el Dr. James Hardt te conecta unos cables al cerebro y con tecnología te ayuda a estudiar qué tipos de ondas cerebrales emitimos.

Los participantes están 3 o 4 horas conectados al sonido y lo que sucede es que, dependiendo en el estado mental en el que están los participantes, cambia la frecuencia del sonido.

El Dr. Hardt había entrenado a miles de personas y detectó que una de las participantes, la cual estaba perdonando a alguien que le había causado mucho dolor, emitía un nivel muy elevado de ondas alfa.

Descubrió que el perdón es algo que debes practicar para poder alcanzar los estados alfa mucho más rápido.

Quizás hasta ahora solamente habías pensado que existen dos posibilidades de estar en tu vida: despierto o dormido.

Déjame que te diga que eso no es así.

Estando despierto puedes acceder a estados diferentes de consciencia: alfa, beta, delta y theta.

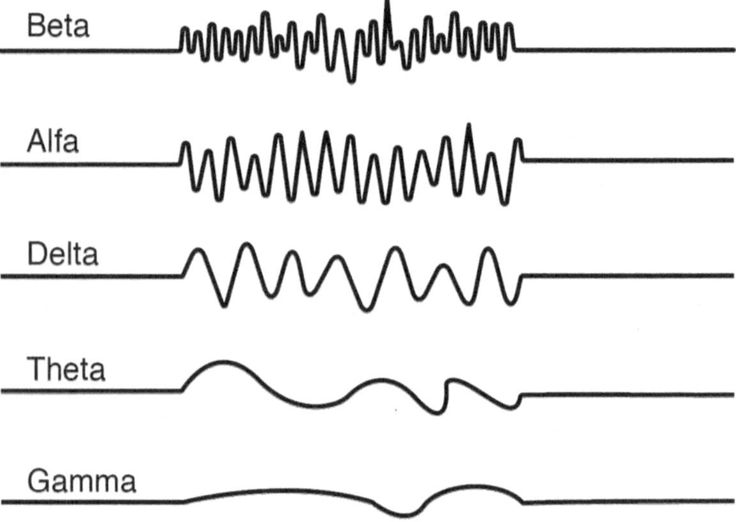

Si te interesa este tema puedes buscar en Internet, hay estudios que afirman que existen más de 30 estados cerebrales diferentes.

El poder del perdón juega un papel muy importante en el estado de una persona y es clave para nuestro propio bienestar.

Los científicos dicen que, si todas nuestras células nerviosas se activaran al mismo tiempo, podríamos obtener una energía tan potente como poder encender una bombilla.

Dependiendo de lo que hagas en cada momento se va activar una zona u otra de nuestro cerebro.

Cada estado te da acceso a una habilidad en concreto. Conectas con un estado u otro y puedes conseguir cosas extraordinarias con ellas.

Cuando una célula envía una señal a otra, se comunican, es como si fuera una línea telefónica.

Este intercambio de información libera impulsos eléctricos.

Para que comprendas un poco más la relación entre el poder del perdón y en alcanzar un estado de ondas alfas, voy a comentarte brevemente en qué consiste cada una de ellas:

1. Ondas Delta:

Están en una frecuenta de 1 a 3 Hz y son las ondas que produce el cerebro cuando dormimos profundamente. Lamentablemente perdemos la capacidad de estar mucho rato en este estadio. Los bebés y los niños las producen constantemente. Son ondas creadoras, se producen en tu cerebro cuando consigues alterar la realidad.

2. Ondas Theta:

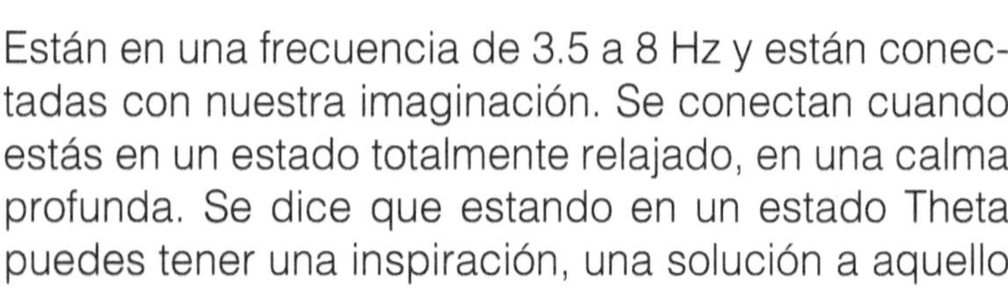

Están en una frecuencia de 3.5 a 8 Hz y están conectadas con nuestra imaginación. Se conectan cuando estás en un estado totalmente relajado, en una calma profunda. Se dice que estando en un estado Theta puedes tener una inspiración, una solución a aquello que buscabas.

3. Ondas Alfa:

Están en la frecuencia de 8 a 13 Hz y están conectadas con un estado de relajación. Se consiguen con la meditación y se producen en tu cerebro cuando tienes compasión, compresión, amor y perdonas. Están relacionadas con la creación. Los niños normalmente están en estado alfa y por eso son capaces de aprender tan rápidamente. Como adultos durante el día no estamos en este estado normalmente, solo cuando estamos en la fase de adormecimiento y cuando nos acabamos de despertar.

4. Ondas Beta:

Están en una frecuencia de 12 a 33 Hz e indican un estado de actividad normal de cualquier persona.

Hay miles de estados donde demuestran que la meditación, el *mindfulness*, aportan mayor longevidad, productividad y felicidad.

Que los estados Delta y Theta son aquellos que te permiten crear lo que quieres.

El Dr. Hardt, mediante su estudio, demostró cómo se podía acceder a diferentes estados de conciencia estando despierto.

Durante el estudio, su objetivo era que los participantes aumentaran sus estadios de ondas Theta y Delta. Concluyó que los participantes alcanzaban ese tipo de ondas cuando estaban realizando ejercicios de perdonar.

El poder acceder a esos niveles mentales ayudaba a la gente a estar más relajada, más centrada y más capacitada para hallar soluciones o crear nuevas ideas.

Hay otro estudio que se publicó en el *Journal of Behavioral Medicine* donde se encontró que el perdón disminuye la tensión arterial y, como consecuencia, mejora la frecuencia cardiaca, así como alivia el estrés.

Hasta ahora he hablado de los beneficios que aporta trabajar el poder del perdón.

A continuación, vamos a ver cómo realizo yo este ejercicio a diario mientras realizo mi meditación diaria nada más despertarme.

Primero tienes que hacer una lista de las cosas que quieres perdonar y a diario realizar este ejercicio hasta que sientas que ya no te duele.

1. Visualiza el momento.

2. Siente la rabia y el dolor.

3. Piensa en por qué esa persona te ha causado dolor. Qué razones tiene para hacerlo, entender que el que causa dolor es porque está sufriendo.

4. Perdónale. No hace falta que esperes que te perdonen, pero tú perdona a esa persona.

5. Pregúntate qué puedes aprender de ello.

Perdonar no es no absolver, pero si perdonas te sanarás a ti mismo. Te vas a liberar de la carga, rencor y dolor. Al perdonar te liberarás a ti mismo y de ahí la importancia de esta práctica.

Si pasaste por un divorcio horrible, si sufriste abusos, sea lo que sea…, te aseguro que si practicas el perdón diario conseguirás estar en paz interior.

Si la experiencia ha sido muy dolorosa para ti, deberás hacerlo repetidas veces hasta que cuando pienses en ello no te cause dolor.

Sé que perdonar es un reto, pero te cambia radicalmente.

¿Cómo sabrás si realmente has perdonado?

Tienes que escuchar a la voz de tu alma, a tu intuición, a esa vocecilla que todos tenemos dentro y nos habla.

Todas las situaciones que vivimos tienen una enseñanza oculta. Quizás tendrás que aprender a ser más fuerte, a tener más autoestima, a quererte más o ser más valiente.

Perdona por ti mismo, por inteligencia, porque te va a beneficiar y no retrases este ejercicio.

> **Mientras no perdones, estás buscando culpables porque estás en el papel de víctima.**

Si alguien te ha hecho algo y tú culpas a esa persona todavía, no te responsabilizas de que tú también has tenido que ver en ello. Estás en el victimismo.

Al perdonar creas una vibración diferente y el karma hará que esa persona obtenga lo que ha buscado.

Durante el evento "Vuélvete Imparable" viví el poder del perdón en todo su potencial. Fue increíble la liberación que sentí.

Desde que mi madre decidió quitarse la vida, había algo dentro de mí que no me dejaba perdonarla del todo. Sufrí tanto que solo veía mi dolor y no el de ella, no comprendía cómo podía haber decido hacer lo que hizo, un acto tan egoísta y dejarme a mí con la carga.

Mediante el ejercicio, la comprendí y en ese momento pude perdonarla.

Sentí una paz conmigo misma indescriptible, así que decidí hacer ese proceso a diario con todas las cosas que quería perdonar.

En el momento que perdoné, nuevas oportunidades se presentaron a mí, como esta, la de escribir este libro.

Tu mente va a tratar de ponerte resistencias a perdonar, de no querer hacerlo incluso. Te va a querer engañar diciéndote que ya lo has perdonado.

Se va a resistir porque no quiere salir de su zona de confort, pero si pretendes tener una sanación emocional mi consejo es que lo hagas.

Si lo haces, podrás seguir con tu vida sin gastar energía en esos momentos.

Aunque tú no seas consciente porque ya no pienses en ello, lo hayas bloqueado o quieras mirar a tu lado, esa energía negativa está dentro de ti y el perdonar te llevará a la libertad.

En el siguiente capítulo voy a hablarte de otro poder que está en ti, el poder de la gratitud, y todos los beneficios que te aportarán si lo integras como un hábito.

¡Así que te espero en la siguiente página!

¡Gracias, gracias, gracias!

Ponte la mano en el corazón y lee en voz alta:

YO SOY ENERGÍA,

ESTOY LLEN@ DE VITALIDAD.

LOS FRACASOS DE MI PASADO,
SON ENSEÑANZAS DE MI PRESENTE
Y VICTORIAS DE MI FUTURO.

YO SOY RESPONSABLE DE CREAR EN MI VIDA
FELICIDAD, ÉXITO Y RIQUEZA
PORQUE

¡¡¡TODO LO QUE NECESITO ESTÁ EN MÍ!!!

EL PODER DE LA GRATITUD

La gratitud transforma, literalmente, tu cerebro. Hay numerosos estudios donde se demuestra que la gratitud genera muchos beneficios en nuestro organismo.

El practicar conscientemente la gratitud hará que se activen diferentes hormonas. Cada una de ellas es responsable de un beneficio.

El cuerpo se da cuenta de que le está pasando algo bueno y empieza a segregar dopamina, por eso notarás que te **sentirás más feliz.** Además, esta hormona tiene un efecto analgésico, así que también **sentirás menos dolor.**

Otra de las hormonas que intervienen en los estados de gratitud es el cortisol. Al liberar esta hormona aumenta tu tranquilidad, tus **niveles de estrés decrecerán.**

La serotonina también participa en este estado y te ayudará establecer tu equilibro mental. El agradecimiento ayuda a salir de la **depresión** o a no caer en ella.

También vas a notar que duermes mejor si antes de **dormir** repasas cada día mentalmente cosas por las que estés agradecido, dado que tus pensamientos harán que te sientas mejor.

Al agradecer vas a atraer abundancia y el bienestar a tu vida.

Al estar enfocado en dar las gracias, al ser agradecido, tu mente y tu corazón conectan.

Uno de los científicos mundiales más famosos que ha estudiado sobre el efecto que causa en nosotros el practicar la gratitud es el Dr. Robert Emmons. Es un psicólogo americano y profesor de la Universidad de California en Davis.

Mediante un estudio propuso a los participantes el siguiente método, que yo personalmente he aplicado y he visto en mis grandes cambios emocionales:

1. Agradece a diario lo que tienes, las cosas buenas que disfrutas y recuerda los momentos de gratitud asociados a tu día a día.

2. Acuérdate de lo malo que hayas vivido y agradece donde estás ahora. Cuando recuerdo lo difícil que ha sido para mí mi vida desde que fui adulta hasta ahora, estamos hablando de 20 años, y veo cómo estoy hoy, feliz y tranquila, me siento profundamente agradecida por mis logros.

3. Hazte las 3 siguientes preguntas:

  a) ¿Qué has recibido de...?

  b) ¿Qué le has dado a...?

4. Piensa en una oración de gratitud que puedas utilizar diariamente. Por ejemplo, yo digo siempre "Gracias, gracias, gracias".

5. Utiliza recordatorios. Muchas veces nos olvidamos de agradecer porque simplemente no nos acordamos de hacerlo. Puedes ponerte notas, recordatorios...; lo que te haga parar tu día y pensar en ello por unos instantes y estar agradecido.

6. Comprométete con que vas a realizar la práctica de la gratitud a diario. Por ejemplo, "Prometo que a partir de hoy voy a agradecer lo que soy, lo que tengo a diario".

7. Cuida tu lenguaje. Las personas que son agradecidas no critican.

8. Sonríe y da las gracias. Escribe una carta de agradecimiento a alguien.

El Dr. Emmons argumenta que, en tan solo tres semanas, después de haber aplicado este método en más de mil personas, con edades comprendidas entre ocho y ochenta años, detectó que se manifestaban en los participantes una serie de beneficios:

Físico

- Sistemas inmunes más fuertes.

- Menos molestias por dolores.

- Presión sanguínea baja.

- Ganas de cuidarse más y hacer más ejercicio.

- Mejor calidad de sueño.

Psicológico

- Mayores niveles de emociones positivas.

- Más alerta, vivo y despierto.

- Más alegría y placer.

- Más optimismo y felicidad.

Social

- Más servicial, generoso y compasivo.

- Más indulgente.

- Más extrovertido.

- Sensación de no estar solo, ni aislado.

Estar agradecido **te mantiene en el presente**, valorar las cosas, incluso aquellas que son tan normales para tu día a día.

Otro de los beneficios que vas a detectar es que si practicas la gratitud vas a **bloquear las emociones negativas**, tóxicas, como por ejemplo la envida.

Te propongo que, a partir de hoy, en tu día a día, busques cosas en tu vida que te despierten gratitud.

Se puede expresar gratitud en cualquier momento del día, solo tienes que tomar consciencia de tu respiración. Respira profundamente y agradece.

O si quizás prefirieras planificarlo, puedes hacerlo por la mañana cuando te levantas y por la noche, antes de dormir.

La gratitud, junto al perdón, es una de las vibraciones más altas que podemos emitir.

Cuando eres consciente de todas las bendiciones y regalos que tenemos en cada momento, incluso en las pequeñas cosas, verás que la gratitud se convierte en un nuevo hábito para ti.

Te habrás dado cuenta de que después de cada capítulo siempre

me despido con un "Gracias, gracias, gracias".

Lo hago tres veces porque conecto con cuerpo, mente y alma.

Mi intención cuando lo digo es que pienso:

GRACIAS por lo que soy.

GRACIAS por lo que tengo.

GRACIAS por todo lo bueno que ahora fluye hacia mí.

¿Quieres seguir aprendiendo sobre palabras poderosas?

Te espero entusiasmada en la siguiente página.

Gracias, gracias, gracias.

Ponte la mano en el corazón y lee en voz alta:

> YO SOY ENERGÍA,
>
> ESTOY LLEN@ DE VITALIDAD.
>
> LOS FRACASOS DE MI PASADO,
> SON ENSEÑANZAS DE MI PRESENTE
> Y VICTORIAS DE MI FUTURO.
>
> YO SOY RESPONSABLE DE CREAR EN MI VIDA
> FELICIDAD, ÉXITO Y RIQUEZA
> PORQUE
>
> ¡¡¡TODO LO QUE NECESITO ESTÁ EN MÍ!!!

YO SOY

"Porque nadie puede saber por ti.
Nadie puede crecer por ti. Nadie puede buscar por ti.
Nadie puede hace por ti lo que tú mismo debes hacer.
La existencia no admite representantes"

Jorge Bucay.

Son dos palabras que te van a dar un poder increíble para alcanzar tus metas.

Debes empezar a controlar tu mente y cada vez que te venga un pensamiento de "NO SOY", cambiarlo por "YO SOY".

No importa que al principio notes que te estás mintiendo, da igual. Al decir estas dos palabras y utilizarlas correctamente la energía se trasforma y tienen el poder de guiar a tu mente para llegar a donde quieres ir.

Es normal que sientas escepticismo al leer esto, que pienses que las afirmaciones son una mentira o ilusión. Está bien, no pasa nada. Cuando compruebes con el tiempo que al practicar a diario las afirmaciones de YO SOY van transformando tu vida, cuando compruebes los resultados de esta práctica, verás que tu mente empezará a creer..

Al decirte "YO SOY", le mandas una instrucción muy clara a tu mente y como tu mente no distingue lo que es verdad de lo que no, automáticamente dará órdenes a tu cerebro y con la repetición te sentirás así. Lo integrarás en tu pensamiento.

No tengas miedo de utilizarlo. Olvida tu mente y pruébalo.

"YO SOY" significa que tú vas a crear tu vida, tú vas a definir quién quieres ser y así evitas que los demás decidan por ti quién tienes que ser.

Dite lo que quieras ser afirmando "YO SOY...".

Como aprendemos por repetición, si lo practicas a diario, vas a crear esa imagen en tu subconsciente y te empezarás a comportar como si ya fueras esa persona que está en tu mente.

Se va a volver en un hábito inconsciente, pero para ello tienes que hacerlo ya, no postergarlo.

Claro que no va a ocurrir de la noche a la mañana el cambio, pero con fe y acción llegarás a conseguirlo.

No me creas y compruébalo. Verás la magia ocurrir.

No retrases la práctica. Verás en el siguiente capítulo cómo retrasar y pronosticar te afecta en tu día a día.

Gracias, gracias, gracias por seguir conmigo.

Ponte la mano en el corazón y lee en voz alta:

YO SOY ENERGÍA,

ESTOY LLEN@ DE VITALIDAD.

LOS FRACASOS DE MI PASADO,
SON ENSEÑANZAS DE MI PRESENTE
Y VICTORIAS DE MI FUTURO.

YO SOY RESPONSABLE DE CREAR EN MI VIDA
FELICIDAD, ÉXITO Y RIQUEZA
PORQUE

¡¡¡TODO LO QUE NECESITO ESTÁ EN MÍ!!!

TOMA ACCIÓN YA. NO RETRASES TUS ACCIONES

"Tú podrás retrasarte, pero el tiempo no"

Benjamin Franklin.

Procrastinar significa posponer o aplazar.

El acto de procrastinar induce a evitar hacer las cosas. Es ceder ante la negativa de tu mente a realizar la tarea que sabes que tienes que hacer.

Es una de las cosas que primero hago cada día es empezar con las cosas que no me gustan hacer, así paso el resto del día sin pensar que tengo que hacer algo que no me gusta.

Me permite estar el día enfocada en lo que quiero, en lugar de lo que no quiero.

Si te pasas todo el día aplazando algo, lo que consigues es precisamente poner el foco en lo que no te gusta.

Así que esta es una acción simple, pero que te invito a que la practiques a diario a partir de hoy con todo lo que tengas que hacer.

No quieres hacer ejercicio, pero quieres bajar de peso. Eso es exactamente lo que tendrás que hacer cada mañana que te levantes, aunque ello implique dormir menos.

Cualquier empresario exitoso sabe que dejar de pronosticar es igual a aumentar la productividad.

Deja de evitar constantemente todo aquello que no quieras a hacer en tu vida. Toma acción ya.

SÍ	AHORA
~~NO~~	~~MÁS TARDE~~

Como ya has aprendido, la mente va intentar engañarte y dejarte en la zona de confort porque su función es precisamente alejarte del dolor. Va a ponerte en situaciones que te gustan hacer para que dejes de hacer aquello que no quieres hacer.

Una de las principales razones por las cuales la gente aplaza a realizar las cosas, de manera incluso inconsciente, es por el miedo al fracaso.

Lo que pude comprobar es que, al dejar de retrasar las cosas y hacer en primer lugar, creé un nuevo hábito a base de repetirlo todos los días.

La emoción que asocias es que eres un campeón, que has conseguido hacer algo que no querías y al sentir que has triunfado frente a un reto tu mente empieza a asociar que hacer las cosas que no quieres hacer te hacen sentir bien y las resistencias desaparecerán.

Cuando decidí levantarme cada día a las 6 para poder meditar, escribir y hacer mis ejercicios, al principio me ponía mil y una excusas.

Apagaba el despertador o se me olvidaba ponerlo.

Pero con constancia y tenacidad fui creando nuevos hábitos y ahora me levanto la mayoría de veces cinco minutos antes de que me suene el despertador.

Y te prometo que hacía años que no me sentía con tanta energía y vitalidad.

Soy una campeona, ¿quieres serlo tú también?

Como digo siempre, no me creas. Compruébalo.

Vas a sentirte mucho mejor contigo mismo, te vas a sentir exitoso y tus acciones diarias van a llevarte precisamente a eso, al éxito.

Hay que romper tus patrones. Si quieres crecer tienes que crear nuevos hábitos.

En el fondo sabes lo que tienes que hacer y por alguna razón te pones excusas y lo aplazas.

Sabes que es una estrategia de tu mente, pero en el fondo de tu ser, en tu alma, te sientes frustrado porque a largo plazo no te va a llevar a dónde quieres.

Lo que quieres lograr en la vida será más fácil si te enfocas en lo que quieres y haces primero lo que no quieres hacer.

Por ello, te invito a que sigas leyendo. En el próximo capítulo vamos a hablar de ello.

Gracias, gracias, gracias.

Ponte la mano en el corazón y lee en voz alta:

YO SOY ENERGÍA,

ESTOY LLEN@ DE VITALIDAD.

LOS FRACASOS DE MI PASADO,
SON ENSEÑANZAS DE MI PRESENTE
Y VICTORIAS DE MI FUTURO.

YO SOY RESPONSABLE DE CREAR EN MI VIDA
FELICIDAD, ÉXITO Y RIQUEZA
PORQUE

¡¡¡TODO LO QUE NECESITO ESTÁ EN MÍ!!!

EN LO QUE TE CONCENTRAS, SE EXPANDE

Durante los próximos 10 días, anota todas las veces que te quejas, criticas o culpas a los demás.

Verás que conforme pasan los días cada vez lo haces menos y al final dejas de hacerlo.

Cómo vas a estar concentrado en hablar bien, tanto a ti mismo como los demás, con la práctica y el tiempo harás de ello un magnífico hábito.

Una vez consigas 10 días seguidos, te reto a que lo hagas durante 40 días.

No te quejes, no digas: "Uff, cuántos días, qué pereza". ¡Hazlo!

¿Y por qué 40 días?

Bien, en la Biblia hay repetidas ocasiones en las que Dios utiliza este tiempo para ver cambios.

Quizás ahora mismo te hayas sorprendido por ver que utilizo la palabra de Dios. No soy creyente, si es lo que piensas, en ningún tipo de Iglesia, religión; pero sí creo firmemente en que existe una energía superior, llámale Universo o Dios, o como tú quieras, pero es un hecho.

Jesús fue un gran maestro que impartió sus enseñanzas y ha estado a la vista de todos, pero la Iglesia se ha encargado de manipularlas.

¿Crees que cuando Jesús dijo "AMÉN" quería decir amén?

Pues no, él quería decir "amen", sin acento, quieran al prójimo.

Si haces durante 40 días ese hábito de hablarte bien a ti mismo y a los demás estará totalmente instaurado en ti porque te concentrarás en ello y se expandirá.

Este es un hábito que tienes que practicar a diario.

¿Qué le ocurre a una planta si no la riegas?

Que al principio para de crecer y luego se muere.

Esto nos pasa a nosotros, por eso no debes dejar nunca de soñar y ponerte metas diarias para conseguirlo.

Tienes que comprometerte contigo mismo y dejar de justificarte que no lo haces por un motivo como la pereza, la falta de constancia…

Ninguna justificación es verdad, son mentiras de tu mente para que no salgas de la zona conocida.

Si no lo haces es porque fallas por tu falta de integridad y compromiso.

Deja de procrastinar y vence la pereza.

Cada día me miro en el espejo y me pregunto: "Si hoy fuese el último día de mi vida, ¿querría hacer lo que voy a hacer hoy?". Si la respuesta es "No" durante demasiados días seguidos, sé que necesito cambiar algo

Steve Jobs

La acción es el puente entre tus pensamientos y tus resultados.

Si no actúas ahora no esperes ningún cambio en tu vida.

Durante este capítulo vas a aprender que tú y solo tú eres el responsable de todo lo que te sucede.

Ello tiene que ver con las creencias que has ido implantando a lo largo de toda tu vida.

Primero tus padres con sus mensajes limitantes, o quizás has tenido un hermano después de nacer tú y toda la atención desaparece y más si tu hermano pequeño ha estado enfermo. Creces con el sentimiento de que no eres suficiente, no tienes atención y durante toda tu vida has buscado esa atención.

A diario utilizas frases como:

- No sé cómo ha pasado esto.

- Estoy harto de…

- Eso es imposible.

- Yo no puedo.

Seguro que al poner todas esas frases estarás pensando: "Ufff, ¿tan mal me hablo?".

O quizás no seas tú el que se pasa el día quejándose, pero seguro que puedes identificar a alguien cercano a ti que lo haga.

Hay personas a las que les encanta ser víctimas de sí mismas y su diálogo interno es "Pobrecito de mí, es que con las desgracias que me han pasado en la vida es normal que no tenga ilusión por nada…".

Puede que también te digas "Yo no hago nada de todo eso, no me quejo, no culpo a nadie de lo que me ocurre", pero es lo que te dices, está en tu diálogo interno. Lo que te dices a ti mismo está impidiendo que alcances muchos logros.

Ese diálogo negativo también es tener un papel de víctima en la vida, son pensamientos sutiles que quizás no habías identificado hasta ahora que te he hecho pensar.

Adivina qué ocurre si optas por seguir en ese papel de víctima.

Exacto, que estás atrayendo más de lo mismo a tu vida. No lo digo yo, son las leyes universales.

> **Donde pongas tu energía, tu enfoque se termina generando en tu vida.**

Pues se acabó. Toma el control de tu vida ya y rompe con todo eso.

Todos en la vida sufrimos decepciones, frustraciones, fracasos…, y tu mente lo archiva como "Esto no debo hacerlo" para evitarlo en el futuro.

Por ejemplo, si has tenido una pareja que te ha sido infiel, cuando tengas una nueva, tu mente hará que estés con miedo, que no confíes y que seas precavido, porque seguro que esta persona si no la vigilas lo hará.

Y, ¡zas! Ahí lo tienes, es lo que pasará y encima te dirás "¿Ves? Lo sabía".

A nadie le gusta tener a alguien al lado que lo controle, que no se fíe de él, y al final ocurre lo inevitable. Sencillamente la otra persona se cansa y empieza mirar para otro lado; no le puedes obligar estar a tu lado y ha encontrado a alguien que le llena más y te ha dejado.

No has sido consciente de que tú has atraído esa situación al poner atención en ello y hasta que no aprendas a controlar tus pensamientos, cargarás con esa mochila en todas tus relaciones y te pasará una y otra vez.

Tienes que trasformar la situación y aprender, en lugar de asumir el rol de víctima diciéndote que esa persona te ha engañado.

En el evento de "¡Vuélvete Imparable!", con más de 1.400 personas que asistimos, justo en la cola coincidí con una pareja de Granada.

Enseguida conecté con ellos, empezamos a hablar y hablar, se me pasó las más de dos horas que quedaban antes de que empezara el evento en un pispás.

En la cola ella me explicó que era la tercera vez que venían al evento y que al aplicar uno de los ejercicios más potentes que se hacen les salvó la relación. Él la había engañado con otra en repetidas ocasiones y seguían juntos.

Automáticamente mi mente pensó "No te merece, tendrías que haber roto", etc.

No me daba cuenta de que ese era el patrón que yo había seguido con mis últimas relaciones.

Durante el evento, Lain se acercó hacia nosotros, nos habíamos sentado juntos y dijo:

—Ahora Kike y Sandra os van explicar su experiencia.

Delante de toda esa gente, Kike, con una entereza admirable, admitió su infidelidad y cómo el estudiar las Leyes Universales y, sobre todo practicar el poder del perdón a través de una serie de ejercicios (más adelante los podrás realizar), consiguieron afianzar su relación y estar más enamorados que nunca.

La mochila que llevaba Sandra era una mochila de la infancia debido a la falta de la madre y falta de atención por parte de su padre.

Se pensaba que no valía nada y ese era su diálogo interno, hasta que asistieron a un evento como pareja y al final Kike se lo contó todo.

Al principio fue un caos, claro. No fue fácil, pero a día de hoy son una pareja admirable.

No me di cuenta de que justamente eso me había pasado a mí y cuando comencé con mi actual pareja, mi marido y padre de nuestro hijo, se lo hice pasar muy mal por mis inseguridades y mis miedos de que me volviera a ocurrir lo mismo.

Hasta que un día solté la mochila, dejé de tener miedo y creí en él. Luché contra mi mente y me dije "Voy a creerle". No tenía ningún motivo para dudar de él, ninguno, pero mi mente siempre me llevaba a ese pensamiento hasta que rompí esa cadena y a día de hoy es la persona en la que más confío de mi vida.

He hablado del amor, pero en realidad el papel de víctima se puede aplicar a cualquier cosa que te decepcione, te frustre. Pregúntate siempre lo que puedes aprender de ello.

> Detrás de cualquier desafío en la vida hay un aprendizaje.

Puedes estar seguro de que, si no aprendes, vas a cargar esa mochila hasta que te responsabilices y decidas actuar.

Lo que necesitas para superar esa decepción está en ti. Acepta tu parte de responsabilidad, afronta la situación de una manera diferente de cómo lo has hecho hasta ahora y aprende de ello.

Tú siempre puedes elegir cómo pensar y cómo actuar. Elige bien.

Pide lo que quieres y no lo que no quieres.

¿Quieres una pareja que te aporte felicidad, alegría y compromiso? Pues pon el foco en ello y no en tus experiencias pasadas. Plantéate si lo que pides es lo que tu aportas.

Mira hacia atrás, sé sincero. Todos esos diálogos internos, miedos, pensamientos o emociones dominantes que has tenido en el pasado son lo que se están manifestando a día de hoy.

Si te quejas y criticas continuamente, toda esa negatividad es lo que estás atrayendo a tu vida

Todo ser humano tiene un Sistema Reticular Activador en su cerebro.

Mediante este sistema, SRA, tu mente decide a qué presentar atención y a qué no automáticamente.

La mayoría de información que recibe es descartada automáticamente.

A través de la repetición de tus rutinas diaria conseguirás que tu SRA detecte solamente aquello en lo que estás enfocado.

En el momento en que defines claramente, precisamente, cómo sería tu pareja ideal, cómo sería tu relación con el dinero, qué es lo que quieres para ti en cuanto a salud y físico; le dices a la mente qué es lo que quieres y se empieza a activar el campo cuántico para que lo consigas.

En un mes cambié de trabajo, dejé mi trabajo en el cual llevaba casi 16 años, vendimos nuestro piso y nos compramos la casa que había sido el sueño de toda mi vida en el mismo día.

¿Sabes por qué lo conseguí?

En mi interior sabía que ya no aguantaba más donde vivía, era un piso que estaba entre dos plantas. En la planta de arriba vivía una pareja con un niño y plantaban marihuana. Era horrible el olor, mi hijo con meses cuando entraba en casa lloraba, y en la planta de abajo teníamos unos vecinos que no paraban de pelearse y gritar a todas horas.

Así que me puse a visualizar a diario cómo quería mi casa. La describí con todo detalle y en el mismo día vendimos nuestro piso y compramos la casa que había pedido al universo. Además, lo visualicé y lo pedí con carácter de urgencia durante una de mis sesiones con la hipnoterapeuta.

Si el mismo día a las 11:00 de la mañana estábamos en el notario de Mataró para firmar la venta y a las 13:00 del mismo día la compra en nuestro pueblo, Montgat.

Parece increíble, pero así fue.

Solo pasó porque lo visualicé y me olvidé de ello. Es decir, sabía que me llegaría y viví con la seguridad de que lo tendría.

Había estado 5 años diciendo que algún día la tendría, pero no ocurría. Ocurrió cuando estuve 100 % convencida, la describí con todo detalle y lo experimenté. Un objetivo con todo detalle descrito.

La mentalidad es lo que hizo que consiguiera todo.

Te propongo que pienses qué quieres en la vida.

¿Cuál es tu objetivo?

¿Qué es lo que quieres en la vida?

> **Los sueños se cumplen
> cuando te comprometes con ellos.**

No te conformes con esa mala relación, no te conformes con tu pobreza, no te conformes con tu salud y toma acción ya.

Ya lo has decidido, pues es tu decisión. Si no lo haces es porque no quieres.

Si en tu mente hay una, tan solo una opción de que no lo vas a conseguirás, estate seguro de que eso es lo que va a pasar.

Si sigues leyendo descubrirás cómo conseguir lo que quieres.

¡Qué ilusión me hace que sigas aquí!

Gracias, gracias, gracias.

¡Vamos a por ello!

Ponte la mano en el corazón y lee en voz alta:

> YO SOY ENERGÍA,
>
> ESTOY LLEN@ DE VITALIDAD.
>
> LOS FRACASOS DE MI PASADO,
> SON ENSEÑANZAS DE MI PRESENTE
> Y VICTORIAS DE MI FUTURO.
>
> YO SOY RESPONSABLE DE CREAR EN MI VIDA
> FELICIDAD, ÉXITO Y RIQUEZA
> PORQUE
>
> ¡¡¡TODO LO QUE NECESITO ESTÁ EN MÍ!!!

CÓMO OBTENER LO QUE QUIERES

"Un hombre con una idea nueva
es un loco hasta que la idea triunfa"

Mark Twain.

Las primeras causas de fracaso son debidas a la falta de confianza.

Una persona es lo que piensa.

Cada acción que tomes viene dada por tu manera de pensar.

Algunas acciones vienen del subconsciente, de tus creencias y otras de tu mente.

Ya hemos visto cómo afectan los pensamientos.

El alma atrae aquello que ama, pero también lo que teme.

Cada vez que piensas algo, existe para siempre. Es como una semilla que plantas dentro de ti.

Si la riegas y la cuidas, crecerá y traerá frutos abundantes.

También sabes cómo funciona la mente, así que utiliza esos recursos para que te ayuden a obtener lo que quieres.

**Nunca vas a obtener un resultado
si estás coaccionado o dudando.**

Solamente va a funcionar si realmente crees y no tienes dudas al respecto.

Sabes cómo te tienes que hablar para controlar tu mente y polarizar tus pensamientos.

Si el universo está lleno de todas las posibilidades infinitas, tienes que pensar que puedes alcanzar lo que deseas porque es una de esas posibilidades que están en el Universo.

**Tu consciencia supraconsciente
está en contacto directo
con las posibilidades infinitas del Universo.**

Con la elección de pensamientos correctos conectas a tu alma con tu mente.

Por eso tienes que contactar con ellas y traerlas a la realidad.

Solo tú eres dueño de tus pensamientos.

Dentro de ti está el poder de creación, de solución a tus problemas.

Quieres una relación diferente a la que tienes ahora con tu pareja. Empieza cambiando lo que no quieres y empieza cambiándolo en ti.

Pero no lo creas desde un capricho, desde un antojo, porque no llegará a ti y será una frustración.

Pídelo de la manera que sientas que es lo que eres.

Los tres pasos para pedir son:

1. Piensa en lo que quieres.

2. Ponte a trabajar en cómo obtenerlo.

3. Ten fe que pasará, que es una realidad.

Convence a tu subconsciente de que es realidad y relájate. Esto pasará.

Quizás hasta te habrá pasado justo lo contrario de lo que has querido que pasara.

Y eso es porque has entrado en conflicto interno. Tu deseo era uno, pero tus pensamientos otros. Has dudado.

Si te digo ahora mismo que camines por encima de un lecho de brasas, dirás que no, que es una locura y que te vas a quemar.

La idea dominante que tendrás es que las brasas queman, con lo cual no lo vas a hacer.

Así pensaba yo, hasta que lo hice.

Puedes trabajar con tu mente para que pases por encima y no te quemes.

En el evento que asistí las 1400 personas que participamos pasamos, todas. Nadie falló, incluso menores que asistieron.

Tú puedes conseguir lo que quieras si alienas tus pensamientos con tus sentimientos.

Si eliminas la idea de fracaso de tu mente puedes lograr lo que desees.

Si asocias mucho dolor a no conseguir algo, como, por ejemplo, yo asocié y así viví mucho dolor al seguir viviendo en el piso, automáticamente mi mente y mi alma se alinearon y las sincronicidades surgieron, vendimos y compramos el mismo día.

Tu subconsciente estará controlado por la creencia nueva que has implantado de:

SÍ SE PUEDE

Puede que por ejemplo te hayas preparado para un examen o unas oposiciones, o conozcas a alguien que lo ha hecho.

Llega el día del examen y la mente les juega un revés. Se olvidan por completo de todo lo que sabían. Son incapaces de recordar.

Cuanto más obligan a su mente de que recuerden, más lejos están de conseguirlo

Y de repente se van, salen del examen y las respuestas aparecen como por arte de magia.

Precisamente es porque han dudado. En la mente de un ganador no existe la posibilidad de suspender.

Tienes que reconciliar tu deseo con tu imaginación.

Es como un contrato, un compromiso. Tienes que casarte con tu deseo y tu imaginación.

El mejor momento para realizar esta unión es mediante una meditación, antes de dormir. Esto es lo ideal porque después, inmediatamente después, decides dormir y durante el sueño tu mente subconsciente estará trabajando en conseguir lo que quieres.

Cuando duermes tu mente subconsciente no se detiene y sigue trabajando para buscar soluciones.

Te imaginas lo que quieres y conectas con la emoción de felicidad que sientes al haberlo logrado.

Tienes que imaginarlo a diario hasta que lo integres en ti como un hábito, como un pensamiento.

Imagínalo con todo lujo de detalles: olores, colores, sonidos… Todo.

En el siguiente capítulo te explicaré cómo hacerlo mediante el panel visionario.

Si tu mente está relajada cuando piensas en algo, tu subconsciente se va a poner en marcha para lograrlo.

Así que vamos a llevar a tu vida a un siguiente nivel para creer firmemente en que tú puedes conseguir todo lo que quieras.

¿Te animas a hacerlo?

Gracias, gracias, gracias.

Ponte la mano en el corazón y lee en voz alta:

YO SOY ENERGÍA,

ESTOY LLEN@ DE VITALIDAD.

LOS FRACASOS DE MI PASADO,
SON ENSEÑANZAS DE MI PRESENTE
Y VICTORIAS DE MI FUTURO.

YO SOY RESPONSABLE DE CREAR EN MI VIDA
FELICIDAD, ÉXITO Y RIQUEZA
PORQUE

¡¡¡TODO LO QUE NECESITO ESTÁ EN MÍ!!!

LLEVA TU VIDA A UN SIGUIENTE NIVEL

"Somos lo que somos porque primero lo hemos imaginado"

Donald Curtis.

Para tener una vida extraordinaria tienes que tener una actitud ganadora

Es mucho más que ser optimista, es tener un comportamiento, porque tienes confianza en resolver los problemas.

Porque problemas aparecerán siempre en tu vida, pero tú puedes decidir cómo verlos y cómo vivirlos.

El universo va hacer su parte, pero a ti te toca hacer la tuya.

Cuanto más des, más recibirás.

Por ello, a continuación, te propongo otro ejercicio: crea tu **PANEL VISIONARIO.**

Esta es una herramienta muy poderosa si la haces correctamente y tienes muy claro qué es lo que quieres.

Debes hacerlo en un tamaño para que puedas tenerlo en tu mesita de noche y antes de irte cada día a dormir lo último que tienes que hacer es mirarlo y visualizar cómo quieres tu futuro.

Puedes también ponerlo en tu oficina o en la pared de tu dormitorio para que lo veas constantemente.

Tienes que concentrarte en cómo quieres ser, en quién te quieres convertir y qué quieres tener en tu vida.

Concéntrate en que cada día te ves en cómo quieres ser y no en quién eres ahora. Tú diriges a tu mente y como tienes el poder de elegir, elige sentir más confianza en que llegará lo que deseas.

A continuación, voy a explicarte cómo lo hago yo y que he aprendido de mi mentor, Lain.

Paso 1:

Hacer una lista de deseos poniendo lo que más quieres en primer lugar y en último lugar lo que menos. Tu lista tiene que tener como máximo **10 deseos.**

Paso 2:

Este paso lo he añadido yo. Para cada deseo escribo mi para qué, cuáles son las razones por lo cual lo quieres. Cuanto más importante será tu "para qué" más motivación tendrás y más fácil será conseguirlo.

Paso 3:

Por cada deseo pon al lado una **afirmación en presente**. Por ejemplo, ¿quieres ser millonario? Pon "Yo soy millonario", como si ya lo hubieras obtenido.

Paso 4:

Busca **imágenes** que coincidan sobre esa afirmación y escoge una o dos que represente exactamente aquello que quieres.

Paso 5:

Coloca las imágenes/ fotos en un corcho en la pared, según el orden de deseos.

Paso 6.

Ordena de la siguiente manera:

En el centro, imagen tuya súper feliz.

Arriba izquierda, las fotos y afirmaciones de tu deseo 1.

Arriba derecha, las fotos y afirmación de tu deseo número 2.

Después, el 3 y 4.

En la mitad de abajo, en vertical de izquierda a derecha, los 5, 6, 7, 8.

Cada día, antes de irte a dormir, tienes que mirar tu panel y dedicarle unos segundos a cada imagen hasta que sientas que ya eres esa persona y te sientas feliz.

Y duérmete, deja que esos pensamientos sean los últimos que tienes antes de dormir, así durante el sueño tu subconsciente integrará esas imágenes.

Lleva contigo una foto, en el móvil, por ejemplo, de tu panel visionario y cada vez que tengas un mal momento para. Haz tres respiraciones conscientes, profundas y míralo. Dedícale unos segundos y conecta con tus sueños.

Vive las imágenes como algo que ya ha ocurrido.

El panel quedaría de una manera parecida a esta:

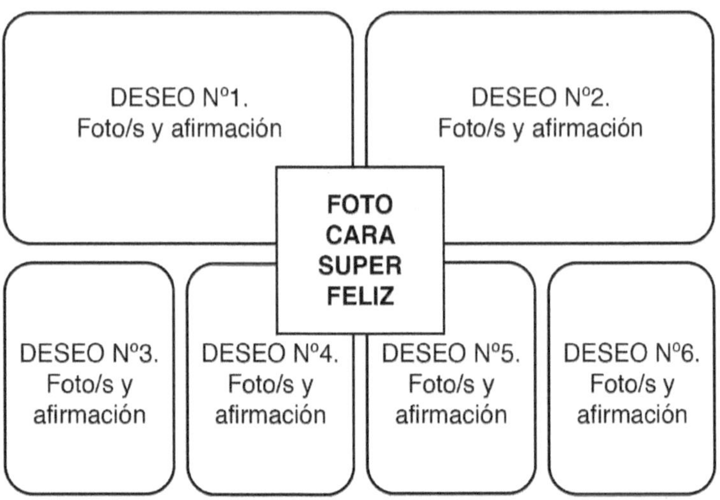

También puedes hacer un panel más grande si tienes una pared con corcho y lo tienes ahí, pero es crucial que cada noche lo último que hagas sea mirarlo.

Al mirar tu panel visionario, ponte ondas theta (busca en Spotify o YouTube).

Como ya has leído anteriormente, utilizar las ondas theta te va a ayudar a relajarte y poder vivir esa experiencia.

Te olvidas de quién eres, tu realidad, y te imaginas que ya eres lo que quieres ser.

Empiezas por el deseo número 1. Lees la afirmación, imaginándote una historia donde tú eres el protagonista de la foto que estás viendo. Vas a vivir la experiencia en presente.

Así con todas las fotos, por eso es mejor no poner más de dos fotos y dedica unos 30 segundos por cada deseo.

Cuando has acabado de imaginarte el deseo, de vivir esa imagen como si ya te hubiese ocurrido, entonces di: "Gracias universo por habérmelo concedido".

Tienes que estar seguro de que ya lo tienes. No te imagines que lo vas a recibir, si no, no va a funcionar. Tienes que vivir la experiencia y emocionarte porque lo tienes.

¡Créelo!

Poco a poco vas a ver que el universo va cambiar todo lo que tenga que cambiar para que esto te ocurra y tú vas a cambiar la manera de actuar para conseguirlo.

Es sencillo, pero tienes que comprometerte. Tienes que hacerlo a partir de hoy todos los días de tu vida.

> **No me creas, hazlo y verás
> que vas alcanzando tus sueños.**

Cuanto más grande sea tu deseo, más tiempo y esfuerzo te requerirá.

Te aparecerán obstáculos y querrá decir que vas por buen camino, será tu precio a pagar, deberás superarlos, pero si no te rindes, no tiras la toalla verás que funciona.

La primera vez que te plantees objetivos grandes, inalcanzables, puede ser que tu mente te diga "Es imposible conseguir esto", pero ahí está la clave. Tiene que ser una meta retadora, inspiradora, aunque pienses que será difícil alcanzarlo. Si lo que sientes es una especie de locura, de ilusión, de entusiasmo... Lo has hecho bien.

Cuando era adolescente los profesores me decían que nunca conseguiría nada en la vida, que no me aplicaba. Incluso, que era una vaga.

Y durante un tiempo esa creencia se fue instalando dentro de mí hasta que me dolió lo suficiente y volví a estudiar.

Mi meta era ser ejecutiva y tener mi casa con piscina, y lo conseguí. No paré hasta que lo conseguí.

Ahora mis metas son otras. Tengo el sueño de poder llegar a cientos de miles de personas con este libro para poder ayudar, a ti, por ejemplo. Amado lector, mi deseo es que este libro sea una herramienta para que triunfes en tu vida.

Para lograr alcanzar tus metas, ahora que ya las conoces. Hay que planificar tu día y tomar acción en esa dirección.

Te espero en el siguiente capítulo para mostrarte cómo yo lo hago y que gracias a ello he conseguido grandes logros.

Gracias, gracias, gracias.

Ponte la mano en el corazón y lee en voz alta:

YO SOY ENERGÍA,

ESTOY LLEN@ DE VITALIDAD.

LOS FRACASOS DE MI PASADO,
SON ENSEÑANZAS DE MI PRESENTE
Y VICTORIAS DE MI FUTURO.

YO SOY RESPONSABLE DE CREAR EN MI VIDA
FELICIDAD, ÉXITO Y RIQUEZA
PORQUE

¡¡¡TODO LO QUE NECESITO ESTÁ EN MÍ!!!

TU NUEVO DÍA A DÍA

"Las personas exitosas desarrollan diariamente hábitos positivos que les ayudan a crecer y a aprender"

John Maxwell.

Todas las personas de éxito planifican su día a día.

Como ya has aprendido que tienes que poner de tu parte para que el universo haga el resto, a partir de hoy vas a planificar tu vida a diario.

> Un plan sin una acción es meramente una ilusión.

Como hagas una cosa las haces todas, así que si no tienes el compromiso de planificar a diario no esperes alcanzar tus metas.

Este es el otro hábito que te propongo: **planificar**.

De momento te planteo el reto de que cumplas 40 días. Sí, otra vez 40 días, pero ahora ya sabes el por qué te pido este número de días.

Terminar esta tarea hará que determines cuánto de cerca estás de alcanzar tus sueños.

El 97 % de personas no lo harán o lo dejarán a medias.

Si quieres tener éxito en tu vida, como las personas que lo tienen, tienes que planificar tu día a día.

Se dice que se tarda 40 días en tener un hábito, de ahí a que te proponga que lo hagas en 40 días, y estoy segura de que si lo cumples tú mismo seguirás haciéndolo a diario porque podrás comprobar en ti mismo que, al estar concentrado en lo que quieres, haces que las cosas ocurran.

Cuando tu mente reconozca el hábito de planificar, estará integrado en ti y lo harás de manera automática cada noche antes de dormir.

A mí me ha pasado. Al principio hacerlo me daba pereza o se me olvidaba, pero poco a poco fui integrando el hábito porque sabía que funcionaba.

Al llevar un tiempo practicándolo, si alguna vez se me ha olvidado, me he despertado a las 2 de la mañana con la necesitad, y recalco "necesidad", de planificar y visualizar.

> **Si cada día haces lo que te has planificado, verás que sientes una sensación de triunfo.**

Gratifícate por ello, debes felicitarte.

Hará que disfrutes de una sensación de ser invencible, porque cada vez que consigas algo te premiarás por ello y establecerás nuevas conexiones neuronales.

Ya sabes que la mente se toma al pie de la letra lo que te digas, así que elógiate y acéptalo.

Si hay algo que no has hecho, no te critiques. Recuerda que tu mente también lo aceptará completamente.

Es curioso cómo la mayoría de la gente se critica constantemente y critican a los demás, en cambio les cuesta reconocer cuando algo hacen bien.

Haz del autoelogio tu diálogo diario y rechaza las críticas destructivas.

El reconocimiento eleva la autoestima, te hace sentir feliz, así que… ¿Por qué no hacerlo?

Y, cada día, conseguirás tener más y más confianza de la que ya tienes en ti mismo.

¿Puedes imaginarte ahora cómo será tu vida en tres años si sigues así?

Esa es la persona que quieres ser, es crucial que lo tengas siempre presente. Te ayudará a centrarte, a dirigir tu mente.

Tú eliges lo que quieres pensar y sentir.

La transformación ya ha empezado para ti. En ti está seguir y llevar a tu vida siempre al siguiente nivel.

Verás cómo tu imagen, tus relaciones y tu nivel económico, las tres áreas maestras, irán mejorando.

Este libro te da la oportunidad de creer. Ahora tienes que tomar acción para conseguir lo que quieres.

Si has seguido todos los ejercidos y has comprobado contigo mismo que las leyes funcionan, ahora mismo tu autoconfianza está ya en otro nivel.

Disfrutas con tu nuevo "yo" y sabes que tienes mucho talento.

Las palabras más importantes que escuchas y respetas son las que te dices a ti mismo, así como la opinión que más te afecta es la tuya misma.

Has aprendido a dirigir tu vida y no permitirás ya que otra persona te quiera quitar ese control.

Estoy segura de que ya habrás comprobado que las personas de tu alrededor disfrutan de tu presencia porque irradias confianza.

Eres único. No hay ni habrá nadie igual en el mundo y hay una razón por la cual estás todavía interesado en seguir avanzando. Estás aquí para ser la mejor versión de ti mismo.

Llegados a este punto, para seguir creciendo y elevar tu vida un siguiente nivel, mi consejo es que te centres en mejorar una de las áreas y cuando alcances lo que quieres pases a tomar acciones para alcanzar lo que quieres en la siguiente área.

Por eso, vas a poder seguir leyendo sobre cómo logré alcanzar los niveles deseados en salud, dinero y amor en los siguientes libros.

A partir de ahora te voy a pedir dos cosas:

COMPROMISO E INTEGRIDAD

Todo lo que nos rodea está porque alguien lo imaginó y lo creó.

Alguien lo creó en su mente y gracias a ello lo tenemos en nuestras vidas.

Por ejemplo, hace 20 años teníamos móviles solamente para llamar y enviar SMS. Hoy en día, un móvil es un ordenador, cámara… Alguien lo pensó y lo creó, y así funciona todo.

Si a nuestros bisabuelos les hubiésemos dicho que existe un aparato que con el cual puedes ver en la pantalla a un familiar que vive a mucha distancia, nos hubiesen tachado de locos.

Y hoy es un hecho. FaceTime, Skype, WhatsApp…, cualquiera de estas herramientas nos permite hacer video llamadas a tiempo real.

Solamente ha sido posible porque alguien lo pensó. Lo que hace 100 años era una locura hoy es lo más normal del mundo.

En lugar de dudar y pensar que solamente son sueños, locuras o imaginación, alguien creyó firmemente en que era posible y lo logró.

Pero para ello tuvo que haber sido apremiante planificarlo y actuar a diario hasta su consecución.

No hay logro sin acción.

Así que hay que comprometerse. Se puede alcanzar el éxito si consigues dominar tu mente.

Para ello hay que responsabilizarse. Las personas exitosas asumen el 100 % de sus acciones y dominan sus mentes y por ello son millonarias. Tienen abundancia en todas las áreas maestras.

Tu diálogo interior es lo que tienes que dominar, como ya hemos aprendido anteriormente.

> **Tu mente no distingue de lo que es cierto a lo que no.**

No sabe diferenciar de cuándo estás asustado o entusiasmado dado que los niveles de adrenalina se disparan en ambos casos, así que engaña tu mente.

Frente a una situación que te inquieta, te asusta o te incomoda, utiliza frases como "Me encanta", "Qué emocionante", "Estoy muy contento"…

Vamos ahora con el ejercicio de planificar. Voy a explicarte lo que hago a diario y cómo lo hago. Mi idea está basada en los planificadores Imparables de Lain García, pero este orden, personalmente, me ayuda mejor a planificar mi día.

A continuación, te detallo los pasos que se deben seguir. Es importante que escribas a mano las respuestas. Como ya he comentado anteriormente, existe una conexión especial entre la mano y la mente.

> **1.** Piensa en cómo quieres que sea tu vida ideal, en las tres áreas maestras. Al hacerlo a diario, ayudará a que tu subconsciente trabaje en conseguir la persona que quieres ser:
>
> **a)** Salud.
>
> **b)** Dinero.
>
> **c)** Amor.

2. Ahora describe cómo será tu vida en los próximos 40 días, también en cada una de las áreas.

3. Para cada área, describe 5 acciones que tendrás que hacer durante el día que estés planificando para cada una de las áreas.

4. En la planificación diaria, escribe cada acción anteriormente descrita según el horario en la que puedas realizarla.

5. Al cabo del día, repasa tu planificador y anota las celebraciones, todo aquello que hayas conseguido y felicitarte mentalmente por ello.

Seguramente ahora piensas que serán muy difíciles de alcanzar. Eso quiere decir que lo que has visionado es una buena meta.

Ahora escribe qué acciones diarias podrías llevar a cabo para alcanzar durante los siguientes 40 días, para estar más cerca de tu sueño.

Con esas acciones descritas, vas a tu planificador y pon en el primer día las cinco acciones.

Todos los días tienes que apuntar las cinco acciones más importantes para alcanzar tu objetivo.

También tienes que apuntar a diario cómo ves tu vida en los próximos 10 años y en los siguientes 40 días en salud, dinero y amor.

Para cambiar tienes que empezar haciendo las cosas de diferente manera.

Empieza visualizando todos los días y anota las sincronicidades que se dan. Y, por repetición, te ocurrirá.

SALUD	ideal	
	40 días	
DINERO	ideal	
	40 días	
AMOR	ideal	
	40 días	

SALUD	DINERO	AMOR
1	6	11
2	7	12
3	8	13
4	9	14
5	10	15

Planificación diaria para alcanzar tus objetivos

6-9 9-12 12-15	
15-18	
18-21	
21-23	

Celebraciones

> La forma más sencilla de interiorizar algo
> es por repetición.

La mente no distingue entre lo real y lo imaginario, así que cuanto más repitas en tu mente lo que quieres, visualizándolo como algo que ya has obtenido, más energía destinarás.

Otro hábito que debes implementar en tu vida a diario es el de **meditar**.

Te recomiendo que utilices una meditación que incluya a diario:

1. Tiempo para conectarte con tu energía, con tu alma;

2. Tiempo para agradecer lo que tienes, lo que eres y tu trabajo;

3. Tiempo para perdonar;

4. Tiempo para visualizar tu futuro;

5. Tiempo para visualizar tu día a día.

Con estos cinco pasos podrás a diario incluir los hábitos que hemos hablado antes (el poder del perdón y la gratitud).

También integrarás el hábito de planificar a diario y tu panel visionario.

Puedes realizar esta meditación antes de dormir y con ello contarás a tu favor que, mientras duermes, tu subconsciente estará trabajando en lo último que has pensado. O bien, hacerlo nada más te despiertes por la mañana.

Para profundizar más en el por qué te digo que estos métodos funcionan, voy a explicarte la importancia de tomar acción y de hacer lo que te he propuesto.

Cualquier acción está impulsada por uno de los siguientes motivos.

1. El deseo de obtener placer es algo que nos hace sentir bien, felices, contentos...

2. La necesidad de evitar el dolor, evitar sentirnos mal, fracasar, sufrir...

¿Qué crees que pesa más en tu vida?

¿Pesa más el miedo a sufrir, fracasar...?

¿O pesa más el placer?

Si respondes sinceramente a estas simples preguntas y miras atrás en tu vida, te darás cuenta dónde has puesto la atención todos estos años y lo que has atraído en consecuencia.

Quizás seas de los que pienses que lo normal es cubrir primero la necesidad. Pues, permíteme que te corrija, no es así. Si te preocupas no te ocupas y llenas tu vida justamente con aquellas cosas que quieres evitar.

La gente exitosa ha saltado obstáculos, ha superado grandes dificultades y de todo ello han aprendido, en lugar de buscar los culpables y lamentarse. Han asumido su responsabilidad y han agradecido esas experiencias porque precisamente gracias a ellas hoy son personas exitosas.

¡Mira un desafío como tu mejor entrenador!

Tienes que pararte a pensar qué es lo que quieres para ti en esta vida, cómo quieres mejorarla, cómo te gustaría que fuese.

¿Te gustaría tener más paciencia, más autocontrol, ser más cariñoso o detallista?

¿Quieres dejar de tener sentimientos de frustración?

¿Cómo te gustaría sentirte contigo mismo?

Respecto a tu físico, describe cómo te gustaría verte y qué niveles de energía y vitalidad quieres.

Escríbelos todos a mano en una hoja o libreta, es importante que los escribas a mano porque existe una conexión especial entre mano y mente.

No te pongas límites. Describe cualquier objetivo que te gustaría alcanzar para ti mismo y no dejes que tu mente te cuestione o te diga "Es imposible, no lo vas a conseguir" o te pregunte "Pero, ¿cómo lo vas al lograr'". Detenla y solamente escribe lo que quieres sin preguntarte cómo llegará a ti.

Si quieres nuevas habilidades, vivir en otro país, lo que sea. Lo que realmente quieras.

Bien, si ya has terminado con tu lista, puedes seguir leyendo. Si no, te pido por favor que no lo hagas hasta que termines.

Ahora tienes que ponerle una fecha límite a cada uno de ellos. Vuelve a bloquear tu mente si te dice "Pero cómo..." o alguna pregunta que te desvíe. Simplemente escribe la primera fecha que te venga a la mente sin cuestionarla.

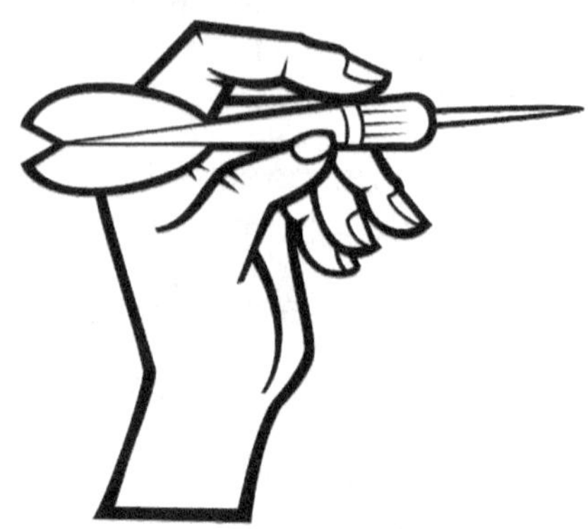

Por último, elige una y escribe cómo te vas a sentir cuando lo hayas logrado, qué vas a obtener. Cuanto más grande sea la razón del para qué lo necesitas, más fácil será alcanzarlo.

Repite este proceso para tus objetivos en salud, dinero y amor.

Tienes que sentir que todo lo que has puesto te lleva a un impulso, a una acción, y no abandones hasta lograrlo y toma acción ya.

Tu día a día tiene que contener las acciones que hayas planificado en tu planificador diario para llegar al alcanzar el objetivo.

Verás que las acciones diarias desarrollarán hábitos que se convertirán en tus nuevas creencias.

> **Una creencia lleva a una emoción, una emoción a una acción y una acción a un resultado.**

Te prometo que, si lo haces cada día, en solamente diez días, si has tomado acciones en la dirección de tus sueños, vas a empezar a crear un sistema de creencias nuevas.

Así que no tengas miedo, sé firme y actúa ya.

No pierdas la constancia ni la fe en conseguirlo porque te aparecerán dificultades y retos.

Tu mente querrá que no lo hagas porque la estás sacando del área de confort.

El ser humano está programado para volver a lo conocido.

Seguramente a tu alrededor o tú mismo has vivido la experiencia de querer perder peso, conseguirlo y al dejar de hacer la dieta volver a ganar ese peso o más.

O, como comentaba, gente a la que le ha tocado la lotería y se lo han gastado todo y han terminado con una deuda.

Todo ello es debido al sistema de creencias, como ya hemos hablado.

Ese fracaso es debido a no cambiar sus hábitos.

En cuanto pierdes el foco y dejas de actuar, te desvías de tu camino y tu mente te lleva a lo conocido.

Tienes que aprender a familiarizarte con lo que quieres y dejar atrás los viejos patrones que te llevan al camino erróneo.

**Piensa en lo que quieres y piensa en ti,
y cree en ti.**

Tú ya eres único por el mero hecho de haber nacido. Entre miles de espermatozoides solo uno venció y tu vida se creó.

No estás aquí por casualidad sino por causalidad, así que vuélvete imparable, reconoce tus habilidades y halágate por ello.

Ya ha pasado el tiempo de dejar que los demás te digan lo que tienes que hacer o cómo eres. Tú decides lo que tú quieres.

Quiérete, ámate. Cada vez que tu mente quiera llevarte a lo que era conocido, dile: "Ese ya no soy yo".

Tú puedes familiarizarte con todo lo que quieras, recuerda, por repetición creas el hábito.

Yo odiaba correr, pero sabía que si quería estar atlética era un deporte que me ayudaría, así que empecé corriendo con intervalos de tiempo intercalados andando.

Al principio eran cientos de metros y acabé pudiendo correr kilómetros. Eso sí, me comprometí conmigo misma y lo hacía todos los días.

Actualmente he descubierto el entrenamiento HIT con fuerza y lo hago todos los días de la semana. Mis niveles de energía y vitalidad son increíbles.

No pierdas la confianza en ti mismo, realmente se puede.

Para terminar con tus hábitos nuevos diarios, te recomiendo que **expandas tus conocimientos.**

Enfoca tus lecturas en aquella área maestra que quieras mejorar.

Cuantas más referencias tengas, cuanto más veas repetidos los mismos mensajes, mejores conexiones establecerás y tus nuevas creencias aprendidas te ayudarán a seguir creciendo.

Nuestras mentes necesitas alimento, necesitan estímulos. En lugar de pasar el tiempo viendo las noticias en televisión, enfoca tu tiempo libre en seguir aprendiendo.

Todas las noticias están enfocadas en algo negativo porque es lo que más vende.

Intentaron hacer un telediario con noticias positivas y fracasó.

Debes aprender dónde quieres poner tu atención.

Decide tú qué quieres leer y no te dejes influenciar por la opinión externa.

> **Si haces lo mismo no esperes resultados diferentes.**

Cuantas más referencias tengas, más alternativas tendrás en la vida.

Quizás te apetezca aprender un nuevo idioma o hacer un nuevo deporte.

Sea lo que sea, hazlo. Apúntate a una clase y expande tus conocimientos.

Sé humilde. No te digas a ti mismo, cuando leas algo que ya habías leído antes, "YA LO SÉ". Y si tu mente te lleva a esa conclusión pregúntate si realmente lo sabes, lo has interiorizado y lo practicas continuamente, o bien sabes que existe, pero no lo practicas.

> **Hay una diferencia abismal entre saber y hacer.**

Mirando donde estás sabrás realmente si lo sabes.

Si tus resultados no son los esperados eso significa que no has aplicado lo que supuestamente sabes. En consecuencia, lo habrás leído o escuchado de alguien, pero no lo sabes.

Cuando hacemos algo repetidamente lo aprendemos. La repetición es la base de integrar algo en tu vida, hasta que lo hagas sin pensar, hasta que esté dentro de tu subconsciente.

Cuando domines aquello aprendido verás lo sencillo que es.

Como no todos estamos en el mismo punto, si mientras estés leyendo este libro hay algo en lo que no estás de acuerdo, sigue leyendo. Ignora esa parte porque quiere decir que todavía no estás preparado para entenderlo. Y, más adelante, cuando hayas acabado el libro, vuelve a releerlo. Verás la diferencia.

¿Puedo pedirte un favor? No me creas. No creas nada de lo que leas y compruébalo, ponlo en práctica a diario. Todos aprendemos con la experiencia y por eso te pido que apliques todo lo aprenderás.

Este libro no es una novela. Verás que a través de él voy contando cosas de mi vida para demostrarte cómo, al aplicarlo, me han sucedido cosas maravillosas. Pero, si lo lees como otro más, la magia no ocurrirá.

Es tu precio que pagar: PRACTÍCALO, APLÍCALO.

Sé que no nos gusta hacer ejercicios, pero es fundamental que cuando leas uno en este libro pares de seguir leyendo hasta que lo hayas realizado.

> *Somos lo que hacemos repetidamente.*
> *La excelencia, entonces, no es un acto, es un hábito*
>
> *Aristóteles.*

Son las leyes del universo, sus normas, por eso te lo digo.

Me gustaría avisarte de que tu mente te va a intentar sabotear durante toda la lectura y sobre todo en la práctica. Es su función, el de no salir de la zona de lo que conoce. Pero si consigues abrirla te espera un futuro prometedor.

La mente funciona como un paraguas, decía Einstein. Te protege de la lluvia externa, de las nuevas ideas, experiencias…, para que te quedes donde estás. Pero tú no quieres eso, ¿verdad? Si no, no estarías leyendo este libro. Has venido a este mundo para brillar.

> *Las personas exitosas desarrollan diariamente*
> *hábitos positivos que les ayudan a crecer y a aprender*
>
> *John Maxwell.*

Planifica. Planifica tu día a día y tu visión ideal en las tres áreas.

Espero que veas tu vida como algo apasionante, que hayas conseguido subir los niveles de energía gracias al panel visionario y tu planificación diaria.

Si quieres alcanzar el éxito tienes que tener la meta muy clara y no dejar que tu mente te lleve a la zona de confort.

Es así de simple. Tienes que identificar qué quieres, qué acciones debes tomar, ponerlas en práctica y observa cómo cambia tu vida si tienes el compromiso de seguir adelante.

Si hoy estoy aquí escribiéndote este libro es porque he tomado acción cada día para alcanzar mi meta.

Las acciones que tomas a diario van a definir en qué tipo de persona te convertirás, qué tipo de vida llevarás y qué tipo de éxito alcanzarás.

La primera acción que deberías realizar a partir de ahora es cuidarte a ti mismo. Si no te cuidas, no te quieres y no te respetas no podrás recibir nada. Porque recibes lo que das, es la ley de la correspondencia.

Recuerda: no me creas. Compruébalo y solo haz caso a aquellas personas que han obtenido resultados.

Ya has aprendido que la mente hace lo que tú le dices que haga, así que háblale lo más específico que puedas para que se materialice lo que quieres.

Cada vez que tengas un pensamiento negativo también has aprendido qué hacer. Siléncialo, desvía esa atención a lo que realmente quieres.

> **Deja de escuchar a las personas que no tienen lo que quieren y fíjate en aquellas que sí lo tienen.**

Cuando estás en el proceso de crecimiento, de cambio personal, es normal que te surjan dudas. Es tu mente queriéndote llevar a la zona conocida, así que lo mejor que puedes hacer es no escuchar a las personas que critiquen lo que estás haciendo.

Sus comentarios pueden llevarte a dudas a confusiones y no necesitas esto. Necesitas estar seguro de que las leyes son ciertas, igual que existe la ley de la gravedad.

No pierdas el rumbo a tu destino y ten fe en que tú serás lo que quieras ser, cuando creas en ello firmemente lo conseguirás.

Un deseo y una fuerza imparable de que lo vas a conseguir. Es un hecho.

> **Lo que tenemos en nuestras vidas es el reflejo de nuestras creencias.**

Si te rodeas de gente que critica el crecimiento personal, como tú estás en proceso de transformación, se van a juntar tus dudas y sus dudas y por el efecto Pigmalión, ¿sabes qué vencerán? Exacto, las dudas.

Por eso es de vital importancia que selecciones a quién quieres explicar y a quién no este proceso de cambio que has iniciado.

Cuando tengas los resultados deseados nadie se atreverá a criticártelos, así que será tu mejor arma para mostrar a los demás la veracidad de las leyes universales y así podrás ayudar a los que te rodean con tu ejemplo.

Si mantienes el rumbo y tu fe en que lo conseguirás, el universo estará de tu lado y nadie te podrá apartar de tu camino al éxito.

Los deportistas de élite son un ejemplo excelente para que veas que la relación con las acciones diarias está directamente relacionada con alcanzar su metas, sus éxitos.

Te recomiendo de todo corazón que sigas tomando una acción en dirección a tus metas, porque te hará sentirte mucho mejor contigo mismo.

Cuando te sientes mejor contigo mismo, empiezas a sentir que mereces ese éxito.

Cuando sientes que mereces el éxito porque tus acciones te llevan a él, empiezas a comportarte conforme a la gente de mayor éxito.

> **La ley de la atracción está de tu favor si tomas acciones diarias.**

Ningún bebé tiene miedo a volar, por ejemplo. No saben lo que es el miedo. Vienen al mundo programados para el éxito, creen que son capaces de hacer cualquier cosa.

Somos los padres los que limitamos diciéndoles que no puedes hacer eso. Hay que cambiarlo porque son las que limitan y crean creencias limitadoras.

Las creencias son solamente tuyas. Cómo te hablas es algo que puedes cambiar, tus pensamientos son tuyos, solamente tú los puedes cambiar.

> **Cambia tus creencias tomando acciones diarias
> hacia alcanzar tus sueños
> y verás como la vida cambia.**

Recuerda que la manera en la cual te hablas, tu diálogo interno, es algo que aprendiste de otra persona, no son tuyas. Tómate un tiempo y dite a ti mismo que tú puedes, puedes cambiar la manera en la que te hablas, puedes tomar acciones diarias.

Para lograr cosas extraordinarias tienes que llenar tus pensamientos con palabras positivas que te harán sentir bien y te llevarán a una acción para obtener el resultado deseado.

El entusiasmo y positivad que tenemos cuando nacemos es algo que se puede recuperar.

Es el estado natural con el que nacemos, recupéralo.

Todos aquellos hábitos que has heredado que no te aportan nada positivo en tu vida, cámbialos; remplázalas por hábitos positivos.

Nadie consigue sus objetivos con solamente visualizarlos. Es imprescindible que hayas establecido tu planificación diaria y tu panel visionario que más adelante te enseñaré cómo lo hago yo.

Es muy importante que a diario tomes acciones que te lleven a tus metas.

Tienes que comprometerte, utilizo muchas veces esta expresión porque aprendemos por repetición.

> **Hay que ser persistente para conseguir aquello
> que quieres.**

No perder la fe, aunque se te presenten obstáculos, porque ahí el universo, Dios o como quieras llamarle te está poniendo a prueba para ver si realmente quieres lo quieres o desistes con los contratiempos.

De cada obstáculo que superamos en la vida salimos con un aprendizaje y más fuertes.

La mayoría de la gente abandona cuando se presentan. ¿Quieres ser de lo que abandonan o de los que lo consiguen?

En la "o" está la diferencia. O eres de un grupo o eres del otro, y solamente tú puedes decir a cuál grupo pertenecer.

La vida es una carrera de obstáculos, constantemente aparecen, como si estuviéramos a prueba y solamente aquellos que tengan un alto nivel de compromiso obtendrán su recompensa porque los superaran viéndolos como retos y no como problemas.

Parece sencillo, pero no lo es. ¿Qué le vas a dar tú a la vida para que la vida te traiga lo que quieras? ¿Cómo vas a contribuir a los demás a que sus vidas sean mejores?

Cuanto más des, más recibirás.

Es ley y recuerda que las leyes no fallan, fallan las personas.

Si no olvidas tu visión ni tu propósito en la vida y no dejas que nada ni nadie te desvíe de tus sueños, tendrás todo lo que necesitas porque el universo se alineará contigo.

Deja el temor al fracaso a un lado, olvídate de ello y focaliza toda tu energía en lo que quieres conseguir.

Ten paciencia.

Ten fe.

Lo conseguirás.

Cuantos más logros consigas, más lejos llegarás.

Las personas que te critiquen lo harán porque no tienen precisamente lo que tú has conseguido, así que no les escuches y sigue tu camino.

Es muy importante que consigas tus sueños y que inspires a los que te rodean a conseguir los suyos.

Si vas con todo en esta transformación es imposible que falles.

La manera de demostrar a tu entorno que tu camino es el correcto es con tu éxito.

Éxito es dedicarte a lo que amas y poder vivir de ello.

La gente que te critique está mal, alguien que está feliz es incapaz de hacer un comentario negativo de alguien. Cuando demuestres tu éxito querrán ser como tú y dejarán de criticar.

¿Ves cómo puedes ayudar a los demás?

Exacto, con tu éxito; así que tienes la obligación para contigo mismo y para con los demás.

Aprende de los desafíos de tu vida. Domina y supéralos para llevar tu vida a un siguiente nivel.

Es imposible que seas diferente si no has aplicado los cambios y ejercicios que te he propuesto.

La trasformación es posible si uno elige el camino del compromiso con lo que quiere.

Ya sabes qué quieres.

Sabes lo que tienes que hacer.

Sabes qué precio tienes que pagar, el esfuerzo que tienes que dedicar para conseguir lo que quieres.

Entonces te toca…

Convertirte en tu mejor versión.

Gracias, gracias, gracias.

YO SOY ENERGÍA,

ESTOY LLEN@ DE VITALIDAD.

LOS FRACASOS DE MI PASADO,
SON ENSEÑANZAS DE MI PRESENTE
Y VICTORIAS DE MI FUTURO.

YO SOY RESPONSABLE DE CREAR EN MI VIDA
FELICIDAD, ÉXITO Y RIQUEZA
PORQUE

¡¡¡TODO LO QUE NECESITO ESTÁ EN MÍ!!!

CÓMO CONTRIBUÍMOS

> Cuando encuentras lo que te apasiona y te encanta generas una energía que hace que se expanda a las personas que te rodean.

Seguramente desde que has empezado a leer y poner en práctica los ejercicios propuestos habrás visto que pasan sincronicidades y que las personas que te rodean te preguntan.

Si consigues lo que quieres, la gente se interesará en saber cómo lo has conseguido

Así que vas a atraer a más personas hacia ti mismo y conseguirás que se cumplan más deprisa.

Tu vida no se trata de ti, sino de todas las vidas que hay en el mundo, a tu alrededor. Hay que dejar de pensar que se trata solamente de ti lo que te ocurra.

La mejor manera de superar cualquier obstáculo es ayudar a los demás. Si tu vida sirve para ayudar a los demás, el universo te apoyará para que consigas lo que te propongas.

Si tienes un hijo, deja de preguntarle qué quiere ser cuando sea mayor. Pregúntale mejor cómo puedes contribuir más cuando sea mayor. Te sorprenderán sus respuestas.

Cualquier persona puede ser un ejemplo para otra si se lo propone, y a la edad que sea.

Por ejemplo, Benedicta Sánchez, a sus 84 años, ha ganado el premio Goya 2020 a la Mejor Actriz Revelación.

Es una inspiración para todas las personas que con más de 80 años se creen que sus vidas ya se han terminado.

Sin experiencia previa en el cine, esta gallega consiguió ser la mejor actriz.

La mayoría de personas de éxito en la vida han sido personas que han trabajado muy duro y han sabido encontrar una oportunidad de la adversidad.

Otra actriz que ha triunfado, este caso a nivel mundial, es Halle Berry. Nació en una familia donde su padre era un maltratador que abusaba de su madre.

Cuando decidió ser actriz, invirtió todo su dinero en ello y no lo consiguió a la primera.

Vivió durante un tiempo de la ayuda de un refugio para personas sin hogar.

Justo cuando estuvo en su peor momento de la vida el milagro apreció y consiguió su primer papel.

Sin duda es otro ejemplo de inspiración de cómo superar las adversidades de la vida.

Oprah Winfrey creció en los barrios más pobres de Misisipi y fue agredida sexualmente.

Hoy es un icono para todos nosotros y ha ayudado a miles de personas con su programa.

Podría seguir con un sinfín de ejemplos.

> **Al alcanzar el éxito inmediatamente eres una fuente de inspiración.**

Al no tener bloqueos porque ya has aprendido la práctica del perdón y la gratitud es más fácil seguir a tu intuición, la voz de tu alma.

Al acallar a tu mente accedes a la energía del universo y cada vez es más sencillo hacerlo.

Dentro de ti está la información. Si conectas contigo mismo sabes qué es lo que quieres y te sientes genial por ello.

Si quieres llegar rápido, has de caminar solo. Pero si quieres llegar lejos, has de hacerlo acompañado.

Sería genial que formaras un grupo de amigos donde practiques la lectura del libro y podáis compartir vuestros logros.

> **Tener una vida comprometida, con más significado y querer contribuir con ello a ayudar a mejorar nuestra sociedad, es algo que, sin duda, hará que nuestro mundo sea mejor.**

Además, al crear un grupo de estudio, vibrarás con personas que están en tu mismo nivel de energía y te sentirás más feliz.

Es tan sencillo como pensar en personas que crees que les podría ayudar este libro y regalárselo.

Quizás el grupo empiece con dos personas, pero te aseguro que crece con el tiempo.

A mí me ha ayudado a hacerlo, por eso te propongo que crees tu grupo de almas imparables.

Por último, decirte que de cada libro que venda voy a donar el 5% de los beneficios, así que indirectamente estarás donando ese porcentaje a una causa benéfica.

Por causa- efecto recibirás del universo lo que des.

¿Te animas a crearlo?

Gracias, gracias, gracias.

> YO SOY ENERGÍA,
> ESTOY LLEN@ DE VITALIDAD.
>
> LOS FRACASOS DE MI PASADO,
> SON ENSEÑANZAS DE MI PRESENTE
> Y VICTORIAS DE MI FUTURO.
>
> YO SOY RESPONSABLE DE CREAR EN MI VIDA
> FELICIDAD, ÉXITO Y RIQUEZA
> PORQUE
>
> ¡¡¡TODO LO QUE NECESITO ESTÁ EN MÍ!!!

¿QUÉ HAS APRENDIDO?

"Hay una fuerza motriz más poderosa que el vapor, la electricidad y la energía atómica: la voluntad"

Albert Einstein.

¡Wow! ¡Ya estás aquí!

Has llegado lejos.

Estoy segura de que ya has visto cambios en ti.

Estoy inmensamente feliz por ti y quiero felicitarte. Muchos habrán abandonado en el proceso y tú estás aquí.

Has trabajado en tomar consciencia de quién eres, de quién a has vendido a ser y cuál es tu propósito en la vida.

Has cambiando creencias limitantes por nuevas creencias que te acercan a tus metas.

Has empezado a controlar tu mente y tus pensamientos.

Has aprendido a visualizar y planificar tu vida de éxito.

Si ha venido un pensamiento negativo en tu vida has aprendido a polarizarlo, a llevarlo a positivo.

Tienes más confianza en ti mismo porque has visto los resultados de comprobar los retos que te he propuesto.

Bien. "¿Y ahora qué?", te preguntarás.

Pues a seguir creciendo y aprendiendo.

Te invito a que trabajes ahora en profundidad en el dominio de tu mente. Para ello te espero en mi próximo libro *El control de tu mente está en ti*.

Has aprendido mucho, pero hay más, mucho más.

Tu nivel de éxito, contribución y bienestar puede seguir creciendo.

> Explora nuevas formas de vivir para seguir tu camino hacia el crecimiento personal.

Sigue cuestionándote las cosas, rechaza cualquier norma o creencia cultural si te impiden llegar al nivel que quieres.

Espero que hayas aprendido a tener tu paz interior utilizando el poder del perdón.

Esa paz te va a permitir tener más intuición, más libertad, más calma y confianza.

Puedes alcanzar una vida extraordinaria.

Por eso, este capítulo no es un final, sino un "te espero".

Todavía tengo muchas cosas que compartir contigo, muchas cosas emocionantes.

Sigue enfocado. Has llegado muy lejos y ya no debes parar.

Tan solo me queda decirte:

GRACIAS

GRACIAS

GRACIAS

De todo mi corazón, te deseo una vida llena de éxito.

Con cariño,

Lorena Farré.

Ponte la mano en el corazón y lee en voz alta:

YO SOY ENERGÍA,

ESTOY LLEN@ DE VITALIDAD.

LOS FRACASOS DE MI PASADO,
SON ENSEÑANZAS DE MI PRESENTE
Y VICTORIAS DE MI FUTURO.

YO SOY RESPONSABLE DE CREAR EN MI VIDA
FELICIDAD, ÉXITO Y RIQUEZA
PORQUE

¡¡¡TODO LO QUE NECESITO ESTÁ EN MÍ!!!

DEDICATORIA A LAIN GARCÍA CALVO, AUTOR DE *LA VOZ DE TU ALMA.*

Lain, mediante estas palabras quiero intentar expresarte lo que para mí ha significado *La voz de tu alma.*

Llegó a mí en lo que aquel momento clasifiqué como "casualidad". Hoy tengo muy claro que fue por **causalidad**.

Estaba en el gimnasio, intentando retomar mi vida y ser más feliz, cuando unas compañeras hablaban de tu libro. Automáticamente me vi andando hacia ellas, cuando nunca había ni tan siquiera compartido unas palabras. Les pregunté de qué hablaban. Una me dijo: "Del libro que todo el mundo habla, de *La voz de tu alma*".

Hice una anotación mental y nada más salir de la clase dirigida en la que estaba, busqué en Internet y entré en tu página web.

Tengo que reconocer que la primera impresión fue preguntarme qué era esto, si era una secta o no sé qué.

Pero algo me decía que comprase el libro, algo que está claro para mi hoy, que era **la voz de mi alma.**

Así que seguí a mi intuición y decidí comprarlo. A los pocos días de estar leyendo lo dejé, no era mi momento.

Después de unos meses decidí retomar la lectura. Estaba lista para comprometerme a leerlo, estudiarlo y practicarlo.

¡No paré hasta que leí los 11 tomos de la saga!

Todo lo hice en menos de 6 meses y en diciembre participé en mi primer evento de "¡Vuélvete Imparable!".

Gracias a ti, a tu energía y enseñanzas, he conseguido conectar con mi alma, he aprendido a escucharla y a saber qué es lo que realmente quiero en esta vida.

He aprendido a agradecer, a perdonar, a tener un autocontrol brutal.

He vuelto a ser plenamente feliz, a tener los niveles de energía y vitalidad que hacía años que sentía y, lo que es más importante, me he dado cuenta de cuánto puedo ayudar a la gente que me rodea.

Gracias a ti, hoy estoy aquí escribiendo estas líneas para convertirme en una best-seller y ayudar a miles de personas a superar cualquier reto que les aparezca en la vida, porque **sí se puede.**

Gracias por dejarme descubrir quién soy yo.

Gracias Lain por ser como eres.

Gracias Lain por hacer que mis días empiecen con los ojos brillantes.

Gracias Lain por hacer que sea un alma imparable.

TU EXPERIENCIA

Amado lector, una vez más quiero felicitarte por haber llegado hasta aquí. Si quieres seguir aprendiendo a tener una vida extraordinaria te espero en el próximo libro *El control de tu mente está en ti.*

Espero que te haya ayudado muchísimo la lectura y el estudio de *Todo lo que necesitas está en ti.*

Si es así, ¿te puedo pedir un favor? ¿Podrías enviarme un email diciendo cómo te ha ayudado?

info@lorenafarre.com

Es muy importante para mí saberlo para poder seguir ayudando a más personas y, con tu permiso, si estás de acuerdo, lo publicaré en mis redes sociales o próximas ediciones de este libro.

Gracias, gracias, gracias alma invencible.

CONTACTO

www.lorenafarre.com

info@lorenafarre.com

www.ingramcontent.com/pod-product-compliance
Lightning Source LLC
LaVergne TN
LVHW091455170726
843492LV00001B/201